白雪陽春新詩集

賀志堅著

文學叢刊

文史哲出版社印行

白雪陽春新詩集

『白雪陽春是難和難賡之韻』。

——『客有歌於郢中者，為陽春白雪，和者不過數十人，其曲彌高，其和彌寡』。

——宋玉對楚王問

三更有夢書當枕

賀志堅

朱熹在《詩經傳》的序言裡說：

假若有人問我：「人爲什麼要寫詩」？我一定告訴他：「人的本性固然好靜，但當被外物激動，慾望就隨之而生。既然有了慾念，心就不能無思；既有心思，就不能無言；既有言了！言之不能不盡，於是在發而爲咨、嗟、詠、歎之後，必有自然之音響、節奏，如流水奔瀉不能自己停止一樣。」他說：「這就是人所以要寫詩的道理了」。

而孔子更是很注重讀詩和寫詩的，他在《論語・陽貨篇》中，對他弟子說得很明白：「孩子們，爲什麼不學詩經呢：」他說：詩，可以激勵人的心志；可以觀察時政的得失；可以溝通人的感情；可以抒暢人的憂怨；在家可以懂得奉事父母，推而廣之，更可以瞭解服務國家、社會的道理與責任。還能認識許多花木、鳥獸的名稱。」他對他的兒子伯魚，說得更直截了當、簡單扼要：「你學過詩嗎」？他說：「不學詩是不會懂得如何說話的」！套一句現代話：學詩、寫詩，眞是好處多多。

筆者小時候讀保學，每天早晚都要放牛吃草，不是到田隴草原，就是山野河畔：田畝中有碰山倒岸的禾苗，野地裡長滿小花小草，隨風散放著清香，蝴蝶、蜜蜂飛鳴無踊；

小河中有發光的流水奔流歌唱，鳥兒們有些在空中飛翔，有些在牛背上啄食牛蝨；鳥兒是那樣喜悅，牛兒是那樣安祥，每每見此情景，心曠神怡極了！外祖母教我的那首：「愛風不戴笠，喜坐牛背憩；手攜書一卷，怡顏和悅色」。就自然而然地在嘴上唱起來了。我的那份稚嫩的詩心，也就是在那種自然美好的情境中，孕育起來的。尤其看到禾苗茂綠的成長、稻穗成熟時，彎彎低垂的儀態，啓人深思，更讓我學會虛懷與謙卑；「種人生豐盈與香甜的滋味，從腳跟沖到頭頂，從嘴唇甜透到了心底，我的確快樂極了。朱熹說的：「發於咨、嗟、詠、歎……」的各種情懷，化作了千萬隻詩的小精靈一樣，向心中鑽了進來，也許是自然的美境太動人了，和我不自覺地混合成一體，如夢如醉地陶然在詩國之中。

所以，我的寫詩，一半是爲了生活樂趣；一半是爲了閑暇消遣；因爲心中充滿了快樂，對人間的一切都覺得可愛，所以萬紫千紅，鳥獸蟲魚！全都寫進我的詩歌之中，狂熱到如朱熹說的：「而不能已焉」的地步。

到現在我又覺得光寫詩，還不能滿足內心的「慾念」，所以又開始拜師學畫了，我要將那些自然美景，花卉百穀、鳥獸蟲魚，全都描繪在我的詩裡、畫裡，希望有朝一日，也有人像蘇東坡評王維的那樣：「詩中有畫，畫中有詩」的境界，進而能延伸爲「畫與詩」；「詩與畫」直接呈現在紙上和我的筆下……，我馨香禱之。是爲序。

賀志堅　二〇〇二年四月二十日
寫於板橋市蓮花廳書舍

白雪陽春新詩集 目次

第三輯 花鳥蟲魚

第四輯　歷史的呼喚

第一輯　天地情誼

——秋風起兮白雲飛，
草木黃落兮雁南歸；
蘭有秀兮菊有芳，
懷佳人兮不能忘。……

——漢武帝·秋風辭

焚寄吾母

來不及等我長大
您……走了！

小手掩著臉
一路抽噎；

橫渡了黃河、長江
進出過太平洋
浪峰撲濺了滿身
衣衫濕透又乾了
就是抹不下
眼角邊　那兩行

濟濟的清淚

一想到您 要我
把一小袋一小袋白米
背著父親
送給苦命的外婆

一想到您
從懷中把那一塊小甜餅
塞在我嘴邊或手中
我的淚，更多……

爲盡人子的一點心意
每年中元節
我擺下滿桌的酒菜 等您
卻從不見您動一匙一箸
流著淚燒的紙錢

灰燼仍留在屋檐下
娘——是您，不肯來打擾
還是嫌我不夠孝順
娘，我好傷心
來喲！
我想您！

後記：一九八〇年十月廿七日寫於國立臺灣師範大學S三〇一室中國風雜誌總編輯古丁先生來函決定在該刊第二期發表，嗣因古丁先生於一九八一年元月廿七日車禍亡故，中國風雜誌於焉停刊，後由名詩人涂靜怡小姐將該詩移在秋水詩刊第三十期發表

天涯哭父，泣血千里

陟彼岵兮　瞻望父兮
陟彼屺兮　瞻望母兮
哀哀父母　生我劬勞
欲報之德　昊天罔極
——詩經

㈠

三十年韶光如夢
夢裏　景象栩栩
江邊的流水奔瀉澄澈
門前嶺的欉樹布列　森然
爸　您在我的心裏　依然
翩翩中年之姿　神采揚揚

㈡

三十年韶光如夢
就僅憑　這
縹緲的夢境
爸　您伴著我　且悠然度過
許多彩霞滿天的黃昏
　　曦光蕩漾的早晨　以及
　星月閃爍的長夜

㈢

一九八一年六月廿六日
烈日炎炎　也淒其蒼白　它
如鋒利的劍矢
劃開了一團謎霧
揭破了一個夢境；
爸！我有多傷心喲
——「媽不等我長大
她……走了」——

如今，您又不等我回來
竟也悄悄地遠離而去
原說好了
我要陪伴您的餘歲
爸 是您不守諾言
還是怪我躭誤太久

(四)

如果，我在您身邊
縱使不能牽著您的手
走出家門
步過小橋
我也要爲您
一路插著馨香
散撒紙錢
竹枝頭繫上燈籠
照亮您的冥程

(五)

一想到您　孤伶伶的
顚躓摸索　在那
黃泉路上
就有嘔心的痛苦
有落不完的眼淚
人說：黃泉路上坎坷淒迷；塵沙漫漫
爸，您有沒有拿根手杖
　您有沒有戴付眼鏡
漠漠荒野，路遠還遙
爸，您有沒有帶足夠的盤纏
曉行夜宿，別錯過了時辰吶

(六)

還有一件事，千萬別忘記
媽就住在酆都城裏
她一定歡迎您前去相聚
泗娥大嫂是您鍾愛的媳婦
媽一定也喜歡和她生活在一起……

定省有人就不覺得寂寞了
爸，安息吧！言有窮情不會終
——如果眞的還有來世
我仍願做爸和媽的兒子

寫於父親逝世後七年的一九八一年六月廿六日忌辰
一九八一年中元節修正於板橋蓮花廳書屋
葡萄園詩刊79期

獻給森娥大姐

卅載生死兩茫茫
不思量　自難忘
……………………
夜來幽夢忽還鄉
相顧無言　唯有淚千行
宋·蘇軾　江城子——

我們同在一間屋子裏出生
卻不能在同一屋簷下成長
乃夢想不到　意料難及
我們小時候
喜歡辦家家酒
妳愛作媽媽　我祇好當兒子

摘柳葉爲魚
南瓜花當肉
泥沙爲飯 清水當酒
這生活過得眞逍遙

驀然 母親如星隕墜落
妳爲侍奉父親 照顧幼弟
矢志不嫁 終至
煢獨無依 寂寞一生
一切 雖曰由命
我仍難辭拖累之咎
江邊的流水滾響著春秋
門前嶺的欉樹漸生羽翎
將軍令 頻頻催逼
杼梭墜地 咿唔聲息
妳長哭叮嚀

樹有根　鳥有巢
江河　有回水的灣

三十年韶光如夢
妳爲我哭成「雙目失明」
但　回水灣裏　仍沒有
我的蹤影
姐！我辜負妳了
天涯海角　九轉迴腸
爲想表達這份心意
遍翻四書六藝　諸子百家
也尋覓不到適當的詞

附記：由於離家日久，思親心切，特於一九八〇年十月，托友人轉寄一信回大陸。一九八一年二月接獲家書，得悉我森娥大姐因思念我，日夜哭泣，流淚過多，而至「雙目失明」；風雨萬里，未能親捧湯藥，爲吾姐治療眼疾，輾轉難安，在萬分難過下寫成此詩，並在師範大學第一大樓二樓走廊上，含淚向天朗誦。意謂吾姐，雖目不得視，亦能臨風聞我之聲也。寫在一九八一年臺灣師範大學S三〇一室。

悼大哥奎安

「媽，不等我長大，她走了！」
「爸，原約好陪他歡度晚年，我爽約了！」
「姐，思我，念我，盼我，等不及我；終也失望地去了！」
——「哥，接到我第一封信——：
您哭著，您笑著；擁著信，也像
擁著我；跑回家。
您問我：
「相聚的日子，快到了吧？」而——
您，卻也突然去世了！
您的笑聲，您拉胡琴聲 和
您練國術時的吼聲
都仍在我的耳邊

我循著這一連串的聲音
蹈著海，踩著白雲
——我回來了，回到
被拆掉只剩下一間廳堂的老宅來了
而您不在；連聲音也沒有
我隱含著淚到您的墳前
您不言　不語　惟見
水泥做成的墓碑後
一叢荒草
一抹斜陽
一縷西風
疾勁地搖響滿山的茶樹
「嗤！嗤！」訕笑

一九八九年十月六日發表於統一日報副刊。

後記：是日（一九八九年十月六日）我隨臺灣學者專家教授、名流訪問團，應中共邀請至西安黃陵祭祖，於當日上午七時，在臺灣桃園中正機場登機抵香港，再換中共東方航空飛機，飛抵陝西省西安市黃陵縣，夜宿長城賓館，中共當局爲表熱誠，對訪問團一行，在長城賓館大門前，舖紅地氈並獻花接待。

兩封信

(一)致雙親

我要寫一封信 給
我的雙親
用天樣大的雲 作紙
以一行行清亮的雨點 爲詞
滿信封
裝不完的 乃我
日日夜夜 夜夜日日
思念 我
父 曁我
先母的 千言萬語

(二)致國家

我要寫一封信　給
我的國家
用滿天的星斗　爲詞
以璀璨的日月　爲標題。曰：
「中國」。請照亮
我戰鬥的劍　和筆
爲中華的神聖與至尊
您啊！原是光輝的民族
我乃強者的優秀子孫

一九五六年五月草於官校虎山靶場
一九五八年一月廿七日重修於基隆
一九八〇年三月廿一日再修於臺北，發表於葡萄園詩刊
一九八八年十二月蓮花文史資料第二輯轉載

宇宙悠悠

——茀叔「老之將至」一文讀後

空間是無限的大
時間是無限的長
「三萬六千日之樂」　嫌少
　天爲車篷
　地爲車盤
　日月爲這巨車的雙輪
車　馱負著高山大海
車　盛裝著花鳥蟲魚
車　滿載著鄉村城鎮
我們乘著它永不停歇地馳騁
來回兜多少圓圈，不要思量

上下爬多少峻峭，不必計較
　祇顧怡然地面對著
　無憂的綠水
　不老的青山
不爲世俗所囿
不爲名利所惑
豁達如斯！淡泊如斯

（一九七八年十二月號葡萄園詩刊65期）
（一九八〇年十二月號大海洋詩刊轉載）

後記：農曆九月九日重九節爲茀叔生日，適逢十月十日雙十節謹以此三個「九十、九十、九十」爲茀叔壽。

蛇主當令

——寫給屬蛇的老么賀良方

（蛇）乃來自甲骨的刻文　而
（）卻是人類腹中胎兒的象形
位列　地支　第六——子、丑、寅、卯、辰、巳……
說文解字：訓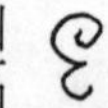爲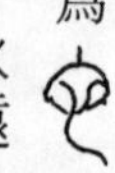（蛇）從此
荒漠、草原、山高、水遠、谷深……
我都匐匍、蜿蜒、伸縮、游走、潛行……
倒挺逍遙、快樂而自在
只怪許愼爲德不卒　硬說：
「（它）蟲也，從蟲而長……
上古草居；患「（蛇）」。
我也就成了人類的「畏友」

其實這引申是欠妥的

列子黃帝篇就說：
「庖犧、女媧、神農、夏后氏」
雖人面蛇身，皆具聖德之徵
韓非子「神君開道」的故事
益能說明蛇中更有智者
夏禹治水受阻龍門山隔
蛇銜八卦圖、授玉簡、金版
得能量度天下平定水土
隋侯出巡爲「斷蛇療傷」；越年獲貽「夜光明珠」
蛇雖爲蟲，尚知感恩圖報

人爲表達相思情苦　說
「衣帶漸鬆終不悔」
我爲答報許仙，那份淒美的愛
被壓在雷峰塔下，苦了一生

依高祖「斬蛇起義」的傳紀
我也是「帝王」的化身
奈何他心狠手辣斷了我的前程
最糟的是，引誘夏娃——：
偷吃了「分別善惡」的樹菓
被耶和華那洋和尚懲罰——：
「終生吃土，用肚子走路」

值得安慰的是：
東漢王允「論衡物勢」的話，
「起，起，今年歲在辰；
明年歲在巳」而
「已爲蛇象，賢人出頭。」——因此有人說：
「蛇主當令，萬事吉祥如意」

一九八九年歲次己巳正月廿八日臺灣育達周刊載

註：① ：蛇之甲骨刻文。

②：它字，訓它爲蛇。

③它：蛇也。它即蛇字，今人加虫旁。并與「他」同義。

④神君：即蛇之別稱。

⑤巳：即人腹中之胎兒象形。

鄉愁

拎個小包袱騎海浪的駿馬而來
眨眼小白駒在縱貫線上躍越了
　　弱冠
　　而立
不惑……
三個黃金站牌
最無奈；這鄉愁
綠衣使者　拒投
托白雲　白雲流散
訴諸風　風行腳無定
而雨　更飄零

也曾冀望流水
流水天上地下奔流不回
轉而央求明月
月明無語

聞說：飛鴿可以傳書
　燕子知節令而去來
但白鴿咕嚕；燕子呢喃
鴻雁雖與「個人」相識
雲中託書　音訊也難憑
「此情無計可消除」
愁！愁！愁！

一九八〇年一月廿九日於板橋
同年八月葡萄園詩刊71期發表
一九八八年三月八日江西景德鎮日報轉載

每天清晨爬山

題記：好久沒有聽她說：「頭昏」……電話中問她：「手腳還痲否」？說是：「每天清晨爬山」。

一

原以爲是我晨起時的歌聲，唱醒了黎明
來至在深山腳下；見一脈款款清流
卻更早　就唱著一縷輕歌　在迎迓

二

沿清流而登，第一次發現：雲有兩種顏色
在藍天上，它飄浮著白色：如棉花
在深山頂，它翻騰著綠色：如波浪

三

山溪　千迴百轉將紅葉和落花載入城市
落花　被李太白讚爲：「水面文章」

紅葉　因韓翠蘋和于祐的題詩成了良媒

四

人都說：彩雲，是飄浮在藍天上
卻不見：白鵝群的雲，是浮游在水面
　　綿羊群的雲，是奔騰在山野

五

深山中的雲，是漠漠林海浮沉游移的船
千帆過處：山瀰濛、花瀰濛、人亦瀰濛
青藤之上，萬葉之間，它氤氳而成風景

六

山　從早到晚，都揮洒蒼翠的綠
樹上　有綠色的風；溪中　有綠色的水
寺廟的鐘聲、林中的鳥音，都含綠色波紋

七

大樹和鳥兒，長久和諧相處在一起
樹盡力簇擁著蒼翠和濃蔭，讓鳥兒棲息
鳥兒用它清脆悅耳的歌聲，掛滿在樹梢

八

有一顆大樹，被一根枯藤緊緊地纏繞
有一條青藤，牢牢的纏繞著一株枯樹
—藤枯樹生纏到死；樹死藤活死猶纏

九

青山和溪流，也永遠相互依存的
青山將重泉、露珠匯集成溪流：環著山轉
溪流便一路深情款款：將青山擁映入波心

十

山中樹、山中泉、山中的鳥兒和花草
都盡力展露出生命的色澤：想把她留住
最難忘—是目睹她：轉身下山的背影

一九九六年八月廿日初稿
同年九月一日訂正蓮花廳
一九九六年九月廿八日世論副刊、大海洋詩雜誌

原題為：「不能忘」編者忘了是典故，改成為「最難忘」……曾一度想用「聽我細訴」；但出版時，覺得仍以：「每天清晨爬山」為題最好。附記。

斜風細雨訪「花溪」

——給周西籬

騎著藍天白雲的飛雁　而來
又奔赴　追趕上：一列
迤邐　蜿蜒　行似追風的蟒龍：眨眼間
躍越了台海、港龍、滬杭、湘黔　而
安抵西南重鎮：貴州貴陽
——「花溪，我來了，我看見，我愛您。」——

八月，花溪中有美麗的雪花　卷湧
您，滿身披著灰濛濛的水霧
彎彎曲曲的溪流，輕快　舒暢：奔流在
兩岸插滿樹叢，鋪滿繁花綠草的野地

平瀲時——細紋粼粼
洶湧時——白花翻飛

那溪水款款；那岸草依依，相互牽攜
奔流的溪水中，總映著：
　樹叢的婆娑；花兒的嬌美
是花樹兒戀愛著溪水？溪水戀愛著鮮花樹叢
千萬年前是如此形影追蹤
億萬代後仍是如此相伴相隨

花溪的兩岸，有農舍茅屋星布棋立
在簇簇的繁花樹叢深處，若現若隱
每一座茅舍都擁有一傘綠蔭；
　每一叢繁花裝飾著一厝屋宇
一縷縷一串串白色的炊煙
在農舍的屋頂、樹梢和繁花之間
嬝嬝騰起：挺直、彎迴、縹緲、游移……

由污黑、靛青、入藍、轉白、漸淡、漸淡……
化作山嵐；飄然……無影、無蹤

一路上的鳥兒，宛囀欣悅、鳴唱嚶嚶
在微風中舞踊，成雙結伴上下隨風
每一個山頭或半山腰，以及野地
有輕柔如絮的白雲，像走馬燈一樣
您奔、我趕、他追；沉落升浮、各逞風姿

「花溪」，是貴陽南明河的支流
平直、彎曲、迂迴、蜿蜒，乃是它的標幟
山丘、溪水、岩石、繁花、叢樹……
不經人工雕飾，自然形成風景

——那山崗丘陵、高低、綿延、起伏
——那溪水來往長流；岩岸聳立古今
——那繁花叢樹，它們遮天鋪地……

千樹之上　吹著綠色的風
萬花之間　展示著笑的嫵媚
那溪水只顧日夜匆忙奔赴大海的母親
把款款潺潺的溪聲，高掛在兩岸的樹梢
將捲起的千萬雪花，丟給遊人
諾大的草坪有絨娀的輕絮，如氈如茵
而朝暾夕暉又爲這些鮮綠的絨絮
披上襲錦衣；錦浪一波又一波的
輕柔地相擁相盪　如情侶的依偎和
遠處拱橋上，傘下佇立的一雙人影
站立成：令人豔羨的風景

一九九三年九月十九日
寫於臺灣省板橋蓮花廳
一九九四年四月一日大海洋月刊四四期
另有斜風細雨訪花溪散文一篇青年月刊

花之茫然

——步李仲秋女詩人原韻

採擷
舉粗壯之臂　踮起腳跟
以暮雲與春樹之心躍昇

久欲擷朵絕世柔美與嬌艷
揉合在詩篇中　不求擲地金聲
但願讀來餘韻芳馨
而妳
卻高懸於峭壁之上

我幾經萬紫千紅的花城

從不屑於顧盼　採擷
因羨落月屋梁　而學王維折柳（註一）
正伸手　妳卻散作了繽紛

日暮晚汐飛湧
煙波江上的雲帆
滿載人生的緣　緩緩而來

毋學管寧割席（註二）
且效蔡邕迎賓（註三）

【附註】

註一：落月屋梁，見杜甫夢李白詩。
註二：世說新語有管寧割席拒華歆，謂非同道也。
註三：蔡邕倒屣以迎王粲，謂王粲有異才，吾不如也。

一九七九年四月二十五日寫
同年五月卅日載葡萄園詩刊
一九九九年大海洋詩刊
另有「弔女詩人李仲秋」一文載世界日報副刊暨大海洋詩刊

紅豆

——給蘭芳之十二

多少個黃昏，帶著花香過去了！
多少個早晨，迎著太陽起來；
——守候，守候在紅豆樹下……
一天，它終於褪盡嫩綠，紅了！
一顆顆紅艷欲滴，像血，
一顆顆光華橢圓，像心；
而血是在心裏運行的，
愛與力便在心裏誕生。
遙寄以南國的相思，
願它在妳心底深鐫著愛字，
千百年前是這顆心，人間才有了鍊情，
億萬代後仍是它象徵愛的不渝和永恒。

一九五六年二月十五日寫於高雄林園
一九五六年三月五日新生報副刊發表

長憶鳳凰城

——給黃蘭芳小扎之外一章

那年四月，我漂泊在鳳鳴村
你家在林園埔墘
滿園的綠華搖翠　但因
我的瀟灑佇立而成風景
獨得你的青睞

五月，負笈來到古城
陽光劈劈啪啪地
將古城灼得熾熾烈烈
其實更熱熱烙烙的　還是
我的那顆流浪的心

校園中長的都是鳳凰樹

晴窗映畫，綠上窗紗……
白花花的陽光篩流下綠色的風
細細碎碎在我耳邊絮語
「……註完冊就寫信來……」

說好了「古城會」在鳳凰花開
由是天天期盼、夢想
鳳凰花在一夜之間綻放
多開心　採鮮花盈掌　投彼伊人
你如彩鳳臨風翔舞踐約而來儀

六月，你於陽明山留下一幅風景
歸去，寫成一季梅雨的憂鬱
這時　古城的鳳凰樹
果然　驚天動地的開了
像連天的烽火　燃燒
盼望　期待　夢想；成灰

我好失望　重層疊覆的
鳳凰，轉眼化作塵泥
枝頭搖落多少繽紛
我心上就跌落多少嘆息

十月，李爺蹣跚負來你的「願結來生」
搖頭哽咽：「她是一個苦命的養女！」
由是我想到鳳凰樹的執著　堅定
它選擇了世間最紅最綠的色澤
描摹他自己的意志和生命

每當鳳凰花開年少的夢境如舊
一張張發黃的掛號回執，有你珠紅的印記
冥想在你心底，曾有一度溫柔的凝睇
如今峯巔有星光燦然，更莫提誓盟緣何毀棄
且笑且癲，拄杖相扶共賞這一季生命的火紅

一九八一年六月三十日，偶然回想起，年青時的一段戀情；
深感世事滄桑，歲月遲暮，心亦憮然，情亦憮然。特記之。
葡萄園詩刊

有情人終將老去

一對熱戀中的愛侶，仍竝肩搖晃在行車的後座
她指著路邊一堆肩負錢囊、手牽駱駝行商的雕像
——那是「絲路的起點」；也是「終點」 而
長安護城河畔的垂柳，仍依依隨風 而
被西風吹得滿臉通紅的楓樹，萬葉千聲 在和
晌晚的夕陽，輪迴敍述著那個古老的故事

駝鈴已消失在城門銅環的外面；他倆也許是
這漫長的絲路上；今天最後一對情侶的依偎
誰知明年楊柳發青、楓葉艷紅時
這一對熱戀的痴情人，漂泊的腳步落在何方

她一再溫柔地，提醒她身畔深受苦痛絞結著的戀人
絲路上層層疊疊、疊疊層層，一雙又一雙的腳痕
都是用血汗和生命，賭出來的愛情
因此—您要堅持、您要忍耐、您要……您要……

且看絲路時而暢通時而阻隔；埋沒又重建變換復更迭
城頭上的楊柳和楓樹，歷經枯榮；多少人海角天涯分離
但黃陵古道上一對白髮皤皤，佝僂著身軀的老人
每當無月無星稍帶寒涼的微風中，總是情深似海的
攜手依扶向每盞街燈、每一棵行樹致上輕輕的呼喚
淡淡哀愁喃喃自語：爲何歲月不能停留，有情人終將老去

一九八九年十一月廿八日深夜於臺灣省臺北縣板橋市蓮花廳書屋
一九九〇年元月十五日現代青年月刊
同年葡萄園詩刊轉載

飛絮九章

㈠帆

就只爲這弱水三千
冥生出這田田的眷念
風浪一波波翻湧
盪不開烟波江上的愁

㈡月夜

踩著異鄉的月色歸來
只爲心底這份鄉國癡情
親人故舊，聚合皆無常
唯有你依伴天涯萬里同行

㈢風景

別說是偶然的邂逅

你的柔情，他的丰采
——花前小立
凝成一幅醉人的風景

㈣漓江

青山如緞帶縹緲江中
一壺酒一竿綸幾齣漁歌
把生命豁諸青山
把愛情付給流水

㈤古剎

多少風雨朝夕，歷盡滄桑
方知世間仍有一些淨土
佇聽著暮鼓梵音之後
栖遑的心始稍熨貼、安頓

㈥江南

燕子把柳絮剪落在水面
陽光將之映照成文章
好一片江南錦繡烟雨

引來蜂飛、蝶舞、蟬鳴

(七)秋色

霜露硬將酡紅染上楓葉
不是炫耀，而是訴說
一年繁華事盡
它不歸去春天那能重來

(八)探尋

長江浩浩西來、涯岸古今
大漠滾滾飛砂、疆野風情
縱使最平凡的歲月
也要穿花尋路編織詩心

(九)海域

潮汐有時，相思無已
眼淚已滙成了海域
相親相愛相隔離
——誰忍問根由

後記：辛酉初五，獲福建黎明大學名詩人方航仙教授，寄來其主編之「名城詩歌選萃」第一卷，內有華僑女詩人陳慧英小姐，所寫的「飛絮九章」讀之頗有所感，特依其原題寫成此詩，正月初五尚爲假期，故此詩就作爲羊年的「開筆大吉」之作也，是爲記。

又：二〇〇一年五月十八日陳慧瑛小姐（現任廈門作家協會主席）隨福建省文藝界廈門大學等專家學者訪問臺灣，託中央研究院有關人士電話邀約見面於中央研究院招待所，相談甚爲歡洽，但因爲時間太晚，怕耽誤陳慧瑛小姐明天的訪問行程，同時她訪問團正在開檢討會，曾一再請她去參加，時間又是十點半了，天又下雨，所以先行離開，相約有機會再相聚，並承她贈送手著「一花一世界」文選一冊，及金質佛教紀念章乙片，深銘心底，下次去廈門時，一定要重禮相報。因那天去中研院招待所時，是從報社編輯部空手而去，未帶任何禮物相贈，作爲紀念，非常失禮也。補記。

附錄：福建陳慧瑛詩於後：一八〇頁上欄。

九章唱和

福建陳慧瑛

帆

風悄悄地訴說著眷念
浪一回回攔道勸說
爲了那彼岸的誘惑
留不住你跋涉千里煙波

月夜

今晚的月亮渾圓如蜜月
月下的江水羞澀如處子
天地無聲，古榕蔭裏
演繹了多少小兒女的故事？

風景

臺灣賀志堅

帆

就只爲這弱水三千
冥生出這田田的眷念
風浪一波波翻湧
蕩不開煙波江上的愁緒

月夜

踩著異鄉的月色歸來
只爲心底這份鄉國痴情
親人故舊，聚合皆無常
唯有你依伴天涯萬里同行

風景

也許只是偶然的邂逅
在我心底
揮之不去的倩影
轉瞬卻成了永恒

灕江

少女的羅帶化作青蔥的江水
流走了歲月流走了情人
留下一曲彩色的兒歌
給天眞爛漫的孩子永久吟唱

古剎

檢點人世滄桑
付與青燈古佛
紅塵外留幾樹菩提
讓飄泊的靈魂棲息

江南

燕子斜陽裏，西風多情
捲起幾片落花

別說是偶然的邂逅
你的柔情，他的豐采
——花前小立
凝成一幅醉人的風景

灕江

青山如緞帶縹渺江中
一壺酒一竿綸幾齣漁歌
把生命豁諸青山
把愛情付給流水

古剎

多少風雨朝夕，歷盡滄桑
方知世間仍有一些淨土
佇聽暮鼓梵音之後
棲遑的心始稍熨貼、安頓

江南

燕子把柳絮剪落在水面
陽光將之映照成文章

冷月如雪，飛蘆似夢
掩映水巷人家

秋色

經霜的歲月
多一份笑楓酡顏
不必爲人生揹十字架
太陽落山明天又出山

探尋

握千古歷史於一瞬
攬日月風雲於眼底
生命的鳥兒飛來又飛去
嫦娥不老，常春藤年年滴翠

海域

或愛或恨的淚滴
匯成了生命的海域
唯有無言的相思
飄流於那一片蔚藍的潮汐

好一片江南錦綉煙雨
引來蜂飛、蝶舞、蟬鳴

秋色

霜露硬將酡紅染上楓葉
不是炫耀，而是訴說
一年繁華事盡
它不歸去春天哪能重來

探尋

長江浩浩西來，涯岸古今
大漠滾滾飛砂，疆野風情
縱使最平凡的歲月
也要穿花尋路編織詩心

海域

潮汐有時，相思無已
眼淚已匯成了海域
相親相愛相隔離
——誰忍問根由

載世界論副刊暨葡萄園詩刊

載「人民日報海外版」
刊「中國人民日報海外版」
並選入福建「名域詩歌選萃」
第一卷。
原稿由同學張英俊從「海地」
（Hayti——北美西印度群島中的共
和）剪報寄回，轉刊葡萄園詩刊

門前嶺

有序

門前嶺，爲我家門前的一座小山，中隔一條二三丈濶的小江（叫布江也叫門前江）；據村中長輩言：門前嶺上原是參天遮日的松樹，（村人叫欉樹，故又稱欉山）但歷經世變，滿山松樹，被砍伐殆盡；筆者幼年時，門前嶺上全是茸茸的雜草，留下的盡是枯朽的老樹根，頡頏著風雨的鞭打，益顯得小山的無奈與荒涼；我每天早晚（上學前，放學後）和村中的同伴，把牛兒趕上山坡，就找個地方讀書；一面聽她們嬉戲和唱山歌，有時也兼聽那些年紀大的哥姐們的「情話」，她們談到「會心」處，那種「眉來眼去，眼角留情」的樣兒，在我幼小的心靈中，也感到莫名與憮然！

我小學初中高中的功課，都很不錯，都是從放牛的時候，溫習得來的，所以門前嶺給我的記憶，是深刻的，它給了我一個無憂無慮，豐富而又快樂的童年。

讀高中時被抓去當兵；一上船就到了南京。從此就開始了一生無盡無休的流浪！如今，卅多年過去了，而小山上的一草一木一石，我都還記得，而且時間愈久，形象愈新，更如歷歷在目一樣。頃接正華侄來信，並承他把小山的全貌攝成了相片，看滿山遍植新樹，迎風搖曳，內心更加懽躍與感動，特寫此詩以誌之。

門前嶺

別以遙遠　丈量歲月
莫用遼濶　形容路程
別將分合　象徵聚散
莫讓間隔　當作距離
——東岸山下田園屋宇　仍迎目寓心
——皇燦禹厚宗廟之美　猶親切昂然

哦！欉山，我親愛的門前嶺
記憶中　您和我之間
不也隔了一道瀲灩的小江
早晚趕牛群揭衣涉水潺潺
只爲牛兒奔赴您豐盈的筵席
立高岡揮輕霧召來微風吹衣
用書聲迎旭日以山歌送斜陽

痛悼老樹害於鋸斧怵目驚心
時生感歎撫殘枝而羨煞風景
朝朝暮暮心孕田田的顧盼
顧盼　朝暉夕陰風水輪廻
門前嶺上萬樹森森迎風成林

托明月帶回長長的戀，濃濃的相思
待揚帆歸來之日
召昔年放牛伙伴　自大祠前
扶杖過拱橋從石灰窰迤邐至山巔
看風搖樹梢　聽高樹鳴蟬
看羊奔兔躍　聽留鳥啁啾
願千山萬嶺　萬嶺千山
無限綠樹蒼蒼莽莽奔赴而來

一九八四年十一月廿七日寫
一九八五年元月六日繕正
刊江西文獻月刊暨葡萄園詩刊

思故鄉

(一)

思我故鄉。碧山蒼蒼。奇峯競秀。古刹瑤光。

(二)

思我故鄉。琴水泱泱。梅州瑤溪。逢源豐穰。

(三)

思我故鄉。上隴分疆。九都六市。物阜民康。

(四)

思我故鄉。高洲在望。橋頭路口。美哉升坊。

(五)

思我故鄉。復禮周行。興賢崇正。濟時良方。

(六)

思我故鄉。代出賢良。南陂理學。碧雲文章。

(七)

思我故鄉。庭園軒敞。朝浴旭日。夕照斜陽。

(八)

思我故鄉。寢食皇皇。日思手足。夜夢高堂。

(九)

思我故鄉。念我故鄉。渺焉不見。雲海蒼茫。

註一：本詩所列諸地名，均爲作者出生地江西蓮花縣之鄉鎮名稱。碧山、琴水、上隴、(即上西、隴西，分屬安福、永新)、梅洲、瑤溪、逢源、九都、六市、高洲、橋頭、路口、升坊、復禮、興賢、崇正、良方、南陂、碧雲、均爲蓮花縣地名、鄉名。

註二：明理學家劉蘆瀟南陂鄉人。清翰林侍讀朱益濬、朱益藩兄弟碧雲鄉人，文章鳴于時。

註三：一、該「思故鄉」詩，也是我的書舍名，曰：「蓮花廳」。其字爲政大一位書法名家所書，由張春華同學等表製成匾，懸掛客廳，頗爲莊雅。

二、「蓮花廳」曾寫三次。第一次於宜蘭中學聖后街，只畫一幅秋天凋零的蓮花，題曰：「凝望蓮花憶吾家」。第二次寫於臺北瑞芳，原稿寄給族叔賀肇苐，但經其稍加修改後，他即請永新賀其燊書製成匾，懸於花蓮碧雲莊。因之我又寫一篇「思故鄉」，在江西文獻發表。即現在之「蓮花廳」舍名。

原稿刊江西文獻(立院秘書高子昂兼主編文獻專函

稱贊并慨允書寫成一匾。但未久高氏仙逝矣！）

蓮花文史資料一九一八年十二月號轉載

贛江千里

浩
浩湯
湯您
來
了
來自章江　這裡是
海禁未開之前　除了
廣州——黃埔一埠
土產、洋貨出入的
大
門
——贛關

迤
迤邐
邐您
來
了
來至在　贛縣的北面
百
折
迴
旋　領悟出
河海不捐細流的哲理
接
豫章水
納
湖漢水
合
流一脈

綿
延
千
里；從此
您　代表了章貢
——名字叫：贛江
您　浩浩湯湯
您　迤迤邐邐經
萬安　至
泰和　到
吉安　入
吉水　擠進
峽江　轉流
新淦　輕蹴
豐城　直走
吳城鎮　躍入
鄱陽

躍入鄱陽

那鄱陽湖喲
橫廣
三
十
餘公頃；長達
三
百
里強
巨浪浸淫　煙波瀰漫
乃我　江西之光
您　綿
延
一
路地　馳
騁

曾經山曲荒野
曾經沃腴田園
兩岸的子民 總是
風裡
雨裡
太陽裡
伴著您
浪
緩
浪
急

您
綿
延
一
路的
奔
瀉
曾經柳綠花紅

曾經白露秋霜
兩岸的子民　總是
朝裡
暮裡
黑夜裡
伴著您
浪
起
浪
落

千載以來　您
賁張著粗壯的血管
讓兩岸的子民　在
您鼓動的脈流裡
網
罟

行　舟

千載以來　您

把血液滲入泥土

讓兩岸的子民　在

您豐盈的胸脯上

播　種　生　命

因而　我們從不曾

爲衣食愁

爲家用著慌；

每當晚風清涼，疏籬外

大樹下、祠廟之前

這裡：興高采烈、談天說地

那兒：胡琴小鼓、伴奏輕歌
老爺爺的旱烟管上裊裊起
鄉間生活的悠閒與怡然
那些讀書人口沫橫飛　傳述
西遊、封神、三國演義
忠臣義士、節婦義夫　如活如現
老奶奶口唸眞經
木魚敲響虔誠：
　「晨昏三叩首
　　早晚一爐香」
世世代代　沿襲著一個心願：
　「風調雨順
　　國泰民安」

誰能料到!?誰能想到!?
昨天還在廟裡　燒過香許過願呀
——災難！竟在一夜之間

因一連串的槍聲和砲聲
從　盧
　溝
　　橋遼遠地奔赴而來
——戰火！熊熊的；霎時
從北方燒到了南方
燒到了
　　溶
　溶
　　　漾
　　漾
　　　　的贛江
大樹下　談笑風生的場面
　　　　散了！
　　　　冷了！
祠廟前　琴聲與歌聲

淡了！
遠了！
老奶奶的木魚聲誦經聲
稀了！
疏了！
老爺爺的旱烟上　點不起悠閒
日本奴像瘋鬼、像瘟疫
獸蹄踐踏之處，盡是
姦淫！
燒殺！
刼掠！
老奶奶慈祥愷悌的臉
一變而爲憂戚
——常掛著清淚和鼻涕
老爺爺　雙眉緊鎖
——笑浪化作了焦慮
年輕少婦　揹兒携女

日日夜夜　引頸凝望遠方
村前　南來北往的大馬路
整天灰沙瀰漫
龍捲風在晒谷場上
高豎起迴旋的沙柱

一天，我悶坐在門口的大石上
一陣冷風吹過感到自己長大了　懂事了
——我的哥哥呢？
——我的舅舅呢？還有
隔壁的木匠　阿福叔叔呢？
想著、想著：我終於明白了
奶奶的清淚
爺爺的焦慮
少婦們引頸凝盼……
我衝向了您
徘徊在您的身邊：我苦悶

——憂愁！第一次襲擊我
也是第一次——
聽到您深沉的幽咽！

憤怒地脫下了　摔掉了
那條羞澀的開襠褲
我發誓要做大人　尤其
要作一個勇士

——國家弱了　才被人欺凌
贛江啊　別再幽咽
——湧洶！澎湃吧！
把浪兒掀高一些　向前；載著我
哥哥是跨著您的脊背走的
現在　輪到我了
我的娘　因災難而死去
爸已老邁、弟又年幼

姐姐尚未出閣……
——這些，我都無暇顧及
您該載著我走；我已來了
我把書包留在姐姐的房裡
流著淚，輕輕地把門掩上
一線淡淡的月光
正照在床前，那雙綉花拖鞋上
我不敢向任何人說：「再見」
懷著凄涼，懷著悲傷，也
懷著一份欣喜；奔向您
一個浪峰落下，又一個浪峰竄起
現在聽到的；您的聲音，
——不是幽咽；而是嘆息
嘆息國家的災難，歎息
我這樣年幼，就離開了窠巢

當旭日衝破了黑暗
光明呈現在東山之巔
我顫巍巍的站在您的胸脯上
眼角上的淚珠，尚未擦乾
船上的人在指著兩岸的城鎮
——那是吉安
——那是吉水
——那是泰和
——那是萬安
哦！萬安，
那是聞名的十八險峽
那惶恐灘頭的所在喲
內心益增我的悸動與震蕩
　『惶恐灘頭說惶恐
　　零丁洋裡話零丁』
此刻　我不也是這種情懷

啊，贛江
您千載悠悠自南向北而流
一路孕育著豐盛的稻麥和雜糧
生長在兩岸的子民
——幾曾識凍餓
當我還是個嬰兒
是依偎在父母的懷裡
童年後就屬於您的了
春觀兩岸桃紅柳綠
夏逐江中波濤浪花
秋天捕捉魚蝦螃蟹
冬聽滾響而來的怒潮
贛江啊！不怕您笑我
每晚還光著屁股偎在您懷裡沐浴
啊贛江！父母給了我生命
而您卻使我成長 壯大

您與我實在是休戚相關的喲
——誰願意離鄉背井
——誰願意冒犯風霜
——誰願意奔波流浪
祇因日本鬼子的凶殘、侵略
——殺我同胞
——姦我妻女
——毀我廬墓
——刼我財產
——還妄想滅我國家
因此啊，您才忍心載我去
我也不顧自己年幼
學著大人的模樣
扛了一支槍　走上戰場
日本鬼子的砲聲　隆隆
機關槍的子彈　咯咯如雨點掃來
我毫不驚恐　也不畏懼

祇因看到那塊膏藥旗
仍在烽烟裡　放肆地揮舞飛揚
臉上好像有濃烈的火燄在燃燒
全身的血管在賁張
　血液在沸騰
　　人在震撼
　　　心！在
跳…………
同胞的屍體　橫七豎八
先後倒臥在您的兩岸
鮮血成渠　流進了田莊

啊，贛江！
是您　給了我勇氣
我以如此幼小的年紀
纖弱的體力就扛著槍　插上刺刀
勇敢無比地走上了浙、贛

三番四次橫跨在您起伏的胸脯上
一顆子彈　打死一個敵人
——爲了珍惜子彈
便用刺刀戮穿敵人的胸膛
——每當這時候
全身每一根血管裏的血液
就有如您大雨後滿江洪水
洶湧！激越！奔騰！澎湃

啊，贛江！
是您　教會了我
——如何乘風破浪
——如何奔馳向前
因此——：
我在任何一次戰鬥中
都是快樂而勇敢

因爲　我全心全意把您當作榜樣
您千載悠悠　從未停下過腳步
我這生長在贛江邊緣的孩子喲
更那能有怯懦的性格

看！文天祥爲抗拒元兵的侵略
至死不屈；元世祖稱他眞男子
陶土行督荊襄、平蘇峻；忠順勤勞
爲明帝拜爲征西大將軍與諸葛齊名
王安石爲求富國強兵　制訂新法
時至今日，仍爲治國濟民之寶典
歐陽修博極群書　文章冠天下……

啊，贛江
您孕育出來的子民
已爲世人　留下了不朽的楷模
我這區區小子縱使不能發揚光大
豈能苟且一生　辱及先人

我發誓要學習您　效法您
永遠　奔流向前的精神

我決心要用生命　換取勝利
我曾在火網交織下　匍匐前進
將手榴彈從槍眼中　扔進鬼子的碉堡
我曾迂迴繞行　在鬼子的戰車下
安放炸藥；人爲肉糜車成廢鐵
我曾在槍林彈雨中　從山腰滾落谷底
將鬼子堆放武器彈藥的倉庫燒毀
把鬼子的通訊、電纜　一一剪斷……
贛江啊，在這許多驚險駭浪的情況中
我已熟記您　熟記您的
千載以來奔流不休的哲理
——何時　平歛
——何時　微波
——何時　激越　昂揚

每當戰況沉寂的夜晚
我會靜靜地　躺臥在草地上
背包爲枕　卡賓爲伴
心境出奇舒坦；神情出奇安祥
靜聽四野蟲聲唧唧　風聲淅淅
遠處犬吠　近村雞鳴
——這情景　會把我帶進夢鄉
那些人世的殺戮、仇隙、戰爭、和平
　恩怨、愛恨、悲歡、離合
——全都遺忘

於是　我想起了　想起了
新喻老萊子　戲彩娛親的故事
彭澤陶淵明　掛冠退隱的高風
新淦湛氏婦　截髮留賓的賢德
吉安歐陽母　畫荻教子的劬勞
烽煙遍野　幼小流浪　頓感

故鄉風物勝蹟　美好與純眞
萍鄉的煤炭　浮梁的陶瓷
大庾的鎢金　樟樹的藥材
鄱湖浩瀚淵溥；廬山雲霧縹緲
九江樓船飛渡；都昌東坡泛舟
滕王閣　王勃作賦
白鹿洞　朱子課士
蓮花琴亭　無弦有音繞耳
湖口鐘山　水流風鳴成聲
物華天寶　人傑地靈　允稱絢美

啊，贛江！
最難忘還是我的童年
整天沉浮於您的碧波起伏　以及
追逐嬉戲　那串無憂無愁的歲月
水玩膩了　牽著奶奶的衣裙
要看她百寶箱中　珍珠玉佩　手環鎖鍊

書唸煩了　放牧山岡田野　隨心所欲
晚風斜陽　把牛兒當駿馬　何止逍遙
斗笠兒　揹在背上
小笛兒　迎風吹弄
高興時　裝模作樣　把書頁翻翻
騙得老爺爺手捻鬍鬚　笑瞇了眼
趁機把書一摔　拖著爺爺放紙鷂
人在草坪裏　歡天喜地　東奔西跑
紙鷂兒　在藍天白雲下
高低　歪斜　隨風飄飄
還有那諾大的一片菜園
是我勞作、觀賞、寫生的地方
以挺直粗壯的菽粟幹兒爲架
牽瓜藤綠葉於其上
自池塘迤邐至書房　成長廊
蝴蝶穿梭飛舞
蜜蜂嗡嗡哼曲

那紅頭大蜻蜓　倒懸在胡瓜上
層層疊疊的綠葉間
搖曳著嬌艷的花朵
——像喇叭
——像燈籠
——像金瓶
陽光細心地爲它們塗抹上
紫姹嫣紅的色彩；散撒芳香
是那些——：
遠　山　朦　朧
——近　水　氤　氳

之美
農村煙霞瀰漫的景色
乃是我美麗多采的童年

啊，贛江！
這些——我乃所經歷過的喲
現在，竟是這樣
遙
遠！遙
遠
喲

——是誰？
使我 背井別鄉
——是誰？
使我 骨肉乖離
——是誰？

使我　挨凍受餓！奔波流浪
——又是誰？
殺我父母！姦我妻女
——又是誰？
毀我廬墓！刼我財產
——又是誰？
使我們老弱無依！少壯者離散！死亡
——「借債還錢！殺人償命!?」
萬惡的日本鬼呀
這是一筆「血債」
「血債」
是要以「血」來償還的

啊，贛江！
——誰是　這激流中的砥柱
啊，贛江！
——誰是　這蒼茫中的曙光

啊，贛江！
——誰是　這聖戰中的英豪
贛江！贛江！贛江啊！
我　這區區小子
——不求　蓋世勳名
——不爲　千秋偉人
——只作　一名小小的勇士
任它千艱萬難，我要
把這筆「血債索回」
然後，怒摔長刀
在我登輪之處　洗手
啊，贛江！
我想您！愛您！念您！
在這孤獨、凄冷的夜裏
遠
處的槍聲、砲聲　仍在

「咯、咯、咯！………
轟
隆………
轟
隆………
咯、咯、咯！………
轟
隆………
轟
隆………

贛江，贛江啊！
——誰無父母、兄弟
——誰無妻子、兒女
在這槍聲、砲聲裏
倒臥下去的　就是
您的！我的

父母
　妻子
　　骨肉啊！

啊，贛江！
我想您　我愛您！我念您
在這瘡痍滿目
　哀鴻遍野的土地上
往昔——：
美麗的山河已毀
溫馨的家園已破
——何處是兒家
——何處是故國
贛江啊！
這血海
　這深仇
　　這恥辱

是中華兒女　誰也不能忍受
我們是被侵略者！
我們要立起反抗
我們已別無選擇
只有一馬當先　勇往直前

出發的軍號　已響起
我的槍已上肩、刀已出鞘
啊，贛江
我的右腳踩的　仍是
贛水，但是
我的左腳　正要蹈漂
　　　　　　長
　　　　　　江
我以您奔向大海的出口
爲起點；勇敢地
乘桴而征。跨

長江
渡黃河
五湖四海
翻天山
登
五嶽
雄關要塞
化雙腳　爲天規
旋一千四百萬平方公里　成圓
只因這
江山如畫　奔赴在
衆多英雄豪強之前
爲救國家民族之危亡
爲伸張正義於天下
舉槍

投彈
衝鋒
殺！
贛江啊！
別爲我擔心；我呀
　已然熟稔了戰鬥的生活
　已然在烽煙中長大成勇士
最初　槍比我長
現在　我比槍高
在這大時代的烘爐中
已然把身體　鍛鍊成了鋼鐵
我的意志呀　更比鋼鐵堅強
國家的興亡
民族的絕續
——就　在此一戰啊
使命　是這樣神聖
責任　是這樣艱鉅

我　那能　再猶豫
——豈敢猶豫
我　那能　還畏縮
——豈敢畏縮

啊，贛江！
——我的母親
請仍
　溶　溶
溶
　漾　漾
漾
　的奔瀉吧
當凱旋歸來之日
您要像載我離家時那樣
把浪兒掀高些；掀高些
掀高後　載著

我；載著滿船的
凱
歌
歸去，歸
去。載著滿船的
凱
歌
凱歌。歸去
歸去；凱歌
歸去！凱歌
歸
去！

一九八〇年十二月廿一日重修於臺灣師範大學國研中心一二〇六室。

後記：本詩原以「贛江吟」爲題，先後在葡萄詩刊六十四期—朗誦專號，及江西文獻月刊九十四期發表，深獲佳評。嗣於一九七九年復經輔仁大學，詩歌朗誦隊，選定用作該校，參加臺北區大學院校，元旦詩歌朗誦比賽。是次參加朗誦演出之男女同學，計有四十八人之多，陣容之龐大與壯盛，爲該次比賽之冠，朗誦效果極佳，名列前茅。

第二輯　江山美景

——大自然除了供給人們衣食，最重要者，就是滿足人們心靈愛美的慾望。一山一水、一草一木、一片雲彩、一片藍天；一間茅屋、陽光、細雨、清風、明月……單獨來說，沒有一樣稱得上美，但觀之整體，因為它們完整、它們和諧，所以就樣樣都是美景了！

——迷花·雲飛揚

宜蘭·大溪灣

山　以稜形拱列如梳
海浪從遼遠奔赴而來成弧
車轔轔襯以雁飛蛇旋的美姿
山麓、海浪、沙灘
驟然而成——新月彎彎

六月，此處仍有永不溶化的雲花卷湧
礁石是被驅趕放牧的牛群
在一簇又一簇的雪花中
擦肩磨耳仰頭弓背
載沉載浮的雲

多希望漫步在這平軟柔細的沙灘
捕捉幾朵跳蹦衝蕩的雪花歸去
讓未來過海邊的孩子歡笑如天籟
風在歌唱浪峰總算攀著了沙岸
腳未站穩又嘻嘻哈哈地跑回去了

稜形的髮梳使我想起了祖母
彎彎的新月使我編織著美夢
我也是踏浪而來的孩子喲！
問何日乘風破浪以征
灣外有巨艦爐火經已升起

一九八〇年三月九日北宜列車
同年七月廿三日中央副刊發表
一九八九年九月一日福建名城詩報轉載

農家樂

南風將一首清涼的歌掛在竹梢
年青的籬笆手牽手繞著農舍
寧靜與怡然　來自小溪和炊烟串串
牽瓜藤綠葉　作長廊
吊葫蘆繁花　不爲風雅　更非飾觀
遮陽光　避塵埃
引來　蜂飛　蝶舞　蟬鳴

門口有黃狗安祥慵睡　雞鴨奔逐
耕耘機噠噠　凝聚稻穗成熟的歡樂
孩子們會集在屋前野地　跳著唱著
將樹葉投入溪流　載滿船風景入城市

老翁拄杖 敲響了隔鄰門裏的悠閒
笑擁而入 煮茗 下棋 飲酒還歌

一九八〇年四月十一日在板橋
同年六月廿一日中央副刊發表
十二月廿二日大海洋詩刊轉載

江南春

濃雲被疾電驟雷撕裂震落
陽光便一縷縷地篩下來了
　小陽春以纖細的手　爲百卉蛻下襁褓
　春江的魚兒虹飛　有如新月浮沉綠波
氤氳中有輕盈柔輭的步履
響自山岡、樹梢、平野、田園……
　由是田蛙鼓噪、鳥鳴嚶嚶　以及
　草青花紅；大地一片如錦
是誰將瑰麗的文章　揮寫在粼粼水面
鵝鴨不識之無　卻頷首船步呱呱哦吟
　絲絲細雨過後　小螞蟻從菌子傘下出來
　折一截柳枝爲槳　花瓣兒當作畫舫輕搖

蜂蝶以原始的語言探詢梅枝花訊
明年雪花飄時再來擷取純潔芳馨

一九八〇年元月廿日寫臺灣省臺北市
同年三月十三日中央日報副刊發表
並承 joho M. Mclellan 教授譯爲英文
同年十二月廿五日大海洋詩刊轉載

春郊

陽光終於衝破烏雲的禁錮　洒落下來了
是它召引我走出斗室　接觸這山野的青春
濕潤的泥土　有新鮮的青草味
露珠兒晶瑩　像明眸的多情

河邊的垂柳　在水面畫著玲瓏曲線　柔美的弧
樹林中有人在捕捉春的形象　禽鳥的歌聲
我要　摘下圓圓的明月　送給遠涉異域的友人
再攔一縷輕風　鏝上祖國的召喚　爹娘的叮嚀
漫山遍野的小花小草　唱著輕輕柔柔的歌
蟲子們閉上眼　靜靜地躺在如夢似醉的歌聲裏

大地歷經刼難 仍然一芽一葉一叢叢地延生
它們生性快樂、進取 它們生命向上、堅韌

一九七八年四月三日於板橋蓮花廳
一九七八年十一月號詩潮三期發表

豐收的構成

雷　是春的號令
　是督耕的使者
揮閃亮的長鞭
追趕著烏雲

細雨灑下來了
和風飄下來了
攪和著辛酸、汗液
——一齊潑入泥土

讓精選的種籽
在七彩的陽光裏

醞釀、化育成向榮的生命
升宇宙綠色的旗

哦！一連串的茁壯
穠穠的，盈盈地
你們來了！我看見
乃我所預期的——豐收
豐收！豐收！
有眞珠般的葡萄串串
有瑪瑙紅的荔枝成球
有翡翠綠的椰子和檳榔
有西瓜、鳳梨、香蕉如山
豐收！豐收！
那交響的音樂震盪
祇因田中的黃浪如海
是刈割機的達達

是脫穀機的隆隆
是風車運轉的旋律
那風車運轉不停
新穀則湧流不斷
曬穀場上的金字塔
一座比一座高聳

一九八〇年七月十日重修
一九八〇年七月廿六日中央日報副刊
江西景德鎮日報轉載

秋聲賦

那嘹亮的蟬鳴
化作曳長的清風，遠颺
草葉上點燃不了螢火
樹林間掛滿了溪聲
是它，在我的屋檐下
隱然安放了一張鳴琴
隔著窗紗
淅淅　瀟瀟　瀝瀝　颯颯
挺胸仗劍的舞者，高歌離騷
從山岡綿綿浪奔至江邊

擎舉起那管白絨絨的狼毫　如椽
飄飄隨風為天下墨客　招領詩魂
方驚異於紅葉飄然來自天際
卻也聞鴻雁在雲中傳來叮嚀
幾番風雨過後
鐵定紫姹嫣紅，大地春回

一九八〇年十月廿日寫於師範大學二〇一舍
一九八〇年十一月十六日中央副刊發表
一九八一年三月卅一日重修轉載於秋水

晨眺

風定了，浪老了，黑暗顯得無依　黎明在雞聲中擴散
港灣中瀰漫著灰色的霧　籠罩搖晃艨艟的船
潮和汐在輕柔淺笑中醞釀　唱著優美動聽的歌
遠山近了，峰頂有人引火　海天欣然擁抱長吻

沙灘在塑造風景　將波濤摺疊　浪花掀起　編織喧嘩
不羈的海鳥　迎向朝陽　是一種震撼　一種禪定
艨艟巨輪數聲長鳴，浪顫波湧，世界默然
巨輪如聖者哲人　顫巍巍的犂翻海原　遠了
沙灘上有人　把祂當作神　在虔誠默禱
願祂帶走　人間的災難　人們心底的憂患

帶走死亡　戰爭及人與人間的增恨與宿怨
當陽光普照之日　重履經歷過的行程
滿馱安祥的願望　永恒的福祉
我將高聲朗誦詩章　並
一路揮灑著鮮花　歸去

一九五八年一月十八日於基隆
同年一月廿一日載聯合版副刊

晨曦

星星因長夜未眠
失神地眨著疲勞的眼睛
遠山從朦朧中摸索走近
月兒脫下銀色禮服、嬌羞退隱
太陽經不起雄雞頻頻催迫
氣得滿臉通紅冲出天門
把萬道金劍怒插在東山之嶺
稀薄雲幕被燃起淡淡火燄
剎那
遼濶的海面撒滿了黃金
天如藍靛
海更湛藍

大地如酣醉方醒
宇宙乃升起了光明的旗

一九五四年軍中文藝

後記：這首小詩是我年輕時，參加「詩歌班」交第一次練習作業的「習作」，就蒙老師提出來，作爲同學們「寫作批改示範資料」。并蒙他詳細說明和賞析后，又放在學校的：「習作批改示範」的講義刊物中發表，作爲同學們寫作練習時的參考。

有一次在「文協會」的電梯間，碰到司馬青山（沈治平）兄，他抓住我：「賀蘭大風」先生；他告訴我「晨曦」，在「軍中文藝」發表時的情形；他印象如此深刻（因爲當時我們都年輕記性好）我想：他一定也是詩歌班的同學。最近他在電話裡，一再的說：卅八、卅九、四〇年就在中央日報副刊寫文章寫詩的，現在的詩人中沒有一個——「賀蘭大風」我們才是眞正的「老牌」呢!?我哈哈大笑……他也大笑。

於是我找出「晨曦」，那首小詩編在選集裡作爲紀念，四十多年了，特記之。

春蠶

彷彿到這人間來
就祇爲編織一個夢
但空有情絲千縷
總繫不住
那縹緲的緣
嘗盡所有的苦痛
最後仍甘願以生命的膏液
凝聚成柔韌的錦囊
深藏住這不朽的愛
期結來世來生

一九八三年六月一日載中央日報中央副刊
福建名城詩報一九八九年轉載

春 怨

儘管花已紅柳飛絮　草色青青
人依然是雁去時那份心境
所有的蝴蝶都穿上了彩衣
纖麗的裙衫仍霉疊在箱底
因羨萬物的及時
也茫然地將脂粉敷濃
幾度對鏡凝眸
鬢上又添幾許星星

一陣眩暈睫簾陰影深垂
無那將門外春光推開
就虛度這花季吧
不如聽踏青歸來人語

一九八三年六月五日中央日報副刊·福建名城歌選萃第一卷

風景

燕子　菱梭般的
在縷縷長風、絲絲細雨中
編織江南風景

山將重泉匯揉成銀流
怕風兒吹皺了
楊柳爲它張掛垂簾

莊稼漢駕賁張的鐵牛
踩青山綠水，追趕流雲
在漠漠藍天上蒔植新綠

一陣滾響的迅雷閃過
毛毛蟲幻化成了蝴蝶
百鳥飛鳴；池魚騰躍

陽光醞釀成酒
青藤之上；千葉之間
繁蕊噴香；中人欲醉

空氣氤氳如夢
花嫣紅、山黛綠、水長青
時而陰晴風雨；煙景朦朧

一九八三年七月廿二日中央日報副刊

尋春圖

曾訪問過小溪
幾度佇立小橋
祇因花兒們
曾在這裏展示過
錦綉的詩文

走過所有山谷
踏遍所有草叢
當風雪載途
曾在這裏掩蓋了
最後一片落葉

一再低徊
四處追尋
梅花卻透露了訊息
春已悄悄地
歡躍在林梢

載一九八四年四月廿三日中央日報中央副刊

臺北公園即景

籠中鳥

在您　無疑的
乃純出自一片愛心
將我豢養在籠中

而我　總禁不住在想
倘若　您能多種幾棵樹
將有更多的鳥兒飛來爲鄰

園中樹

我的母國原在深山曠野
因人越來越自負其文明能力

硬將我移徙到這陌生的土地
眷戀家園的情懷默默隱忍
最痛苦還是形象被扭曲壓抑
修剪成他人認爲最美的形式

池中魚

噴泉把池邊的垂柳
揉搖得更窈窕多姿
蛙在跳躍、蟬聲雷鳴
我躲在蓮姐的傘蓋下
靜靜地咀嚼寂寞　漫聽：
那噴泉激越的「噓」聲

手中劍

人總愛說：「彼此和平相處」

但到處是舞棍弄棒的人
連上廁所的老人，也帶把木劍
你可知道：和平有多遙遠
山中已找不到一隻野兔
鴿子寧願停在屋脊和樹枝上

一九八三年一月七日中央日報
一九八九年福建名城詩報轉載

歌與舞

當清風伴著鳥飛
當陽光和著花香
當細雨灑落山林
當明月隱約水中
到處是動人的歌與舞

這些 眞正的歌與舞
在山坡的草尖上
在田壠的稻陣中
在小河的魚群裏
在叢林的樹梢頭

它們用舒緩輕盈的丰姿
飄蕩
波湧
翻躍
搖曳

它們藉陽光七彩的生命
烘托
閃爍
掩映
幻化

每一支歌 悅耳動聽
每一齣舞 風情萬種
——像雲的游移
——像風的迴旋
——像霧的迷濛

——像雨的縹緲
——像光的晃耀
——像山的佇立
——像海的浪奔

一九八二年七月廿九日中央日報副刊發表
一九八九年福建名城詩報轉載
同年臺北育達周刊轉載
　題目改爲：「江山如畫載歌舞」

豐收的構成

雷　是春的號令
　　是督耕的使者
揮閃亮的長鞭
追趕著烏雲

細雨灑下來了
和風飄下來了
攪和著辛酸、汗液
——一齊潑入泥土

讓精選的種籽
在七彩的陽光裏

醞釀，化育成向榮的生命
升宇宙綠色的旗

哦！一連串的茁壯
穠穠的，盈盈地
你們來了！我看見
乃我所預期的——豐收
豐收！豐收！豐收：
有眞珠般的葡萄串串
有瑪瑙紅的荔枝成球
有翡翠綠的椰子和檳榔
有西瓜、鳳梨、香蕉堆積如山
豐收！豐收！
那交響的音樂震盪
只因田中的黃浪如海

是刈割機的達達
是脫穀機的隆隆
是風車運轉的旋律

那風車運轉不停
新穀則湧流不斷
曬穀場上的金字塔
一座比一座高聳

一九八〇年七月十日重修臺北市
一九八〇年七月廿六日中央日報

莊稼之歌

哦哦！兄弟們！冬天拖著北風長長的尾巴，已在冰融來臨之前殯葬，
起來！兄弟們！春天已帶著和風，伸出了陽光和炎熱的巨掌……
讓牛群走出槽房，掛上塵封的耕犂、鋤頭、鐵耙……
到那沃野的田畝，播下精選的種籽，讓它在尚有我們祖先汗液芳香的泥土中茁長！

× × ×

要早點起床呀！我們不用朝暾來照亮行程，
讓我們趕到有著深深足印的田畝，雞聲才把朝陽點燃；
兄弟們！那管它春寒如何料峭，田水冰冷，只要把犂鋤掌穩，珠汗便從頭頂流到腳跟；
寒風的鞭，是抽打在弱者的身上，我們是勤勞和強者的優秀子孫！

× × ×

日正當中在蔭涼的樹下憩息，神奇的芳芬，夾著和風與溪流的歌聲來到身邊，
芬芳是春天原野的特色，我們不欲顧盼，更不屑去採摘那些披金戴銀的花朵兒；

更美、更芬芳的，是噴溢在我們心底的，稻穗的珠顆，麥浪的綠波，所激盪出來的香味。
哦！兄弟們！鋤啊！犁啊！我們的鮮血和著汗流，
我們要使荒野荊莽，成爲平疇沃野，一望無際的田園！

載現代詩、小說創作、大海洋詩刊
（寫於一九五八年左右原作刊創世紀詩刊和現代詩刊）

「京九」禮讚

——混沌初開，乾坤始奠。
——黃帝畫野，始分都邑。
——幼學瓊林：天文、地輿

中國自古名爲：赤縣神州，盤古氏開拓的土地
一千一百四十二萬方公里，黃帝軒轅氏區畫爲九州
以冀州爲中心！日豫荊日雍梁，日兗青日徐揚
五千年歷史；五千年文化；熔鑄成中華民族

東南部臨渤海黃海，東海南海，面向太平洋
西北部多高山、沙漠，內陸腹地儘皆沃土平原
由於地形多樣，風霜雨雪，亦隨季節位置而降臨
它遼闊，它廣袤；它形貌秀麗、產物豐盈

在這片寬廣豐盈而又古老的土地上
它交錯、縱橫，奔躍馳騁著四條「龍」
曰長江、曰黃河、曰長城、曰隴海
您——京九啊，是新興崛起的第五條「龍」

您起自京都，直奔天津，一口氣走出了河北
迤迤邐邐進入山東、而河南；就在豫之南
魯之西；一躍飛越黃河，來到湖北和安徽
再鼓雄風；在淮濱廿里處又一躍飛過淮水
這一腳兩步，足足跨出了一萬零二六一公里寬

馬不停蹄出了安徽、湖北；來至在長江邊岸
——九江。這裡是江西、安徽、湖北的臨界點上
古稱潯陽：只因江寬水急，害苦了眾多行商
如今你一躍而過，留下鋼鐵長虹，橫臥江波
長江南京大橋原數第一；而你比它多出九〇三米強

京九啊，你有三分之一路段，在江西省內；
所以驛站最多，逗留的時間亦最長
你於飽覽鄱湖風光、廬山勝景、滕王閣之後
才瀟瀟洒洒來到廣東、來到深圳、來到了九龍
這裡昔時稱作蠻荒絕域；而今是經濟特區發展正旺

你不眠不休從京都到九龍，長跑二千五百三十六公里
穿過一百廿六個隧道，五百四十九座大小不一的橋樑
爲的是發展經濟；更爲宣示：中國已收回了香港
這九龍，是路的終站，更是你─再出發─的起點
你要從這裡──伸向世界，伸向海洋，伸向無窮

你的鋪建完成，是中國人數十年來的期盼和夢想
如何帶動沿途資源的開發、進展，是他們的仰望
你要高速行進日夜兼程，爲商旅提供便捷與流暢
內陸不是天生貧窮，而是交通阻滯、物產難通有無

有了您，脫貧致富才有依靠；經濟騰飛才有希望
你要像一張耒耜，犁翻沿途沃野，成長出稻麥豐穰
你要像一把金鑰，開啓所有貧窮的扉門塞進財富
您要像散花仙女，將幸福、快樂散撒給每個城鄉

大幹線如何成其大？「泰山不擇壤土所以成其高；
河海不捐細流所以成其深」；
您要多與橫線交叉—膠濟、石太諸線，
中聯——武漢浙贛；南接—梅山廣深，
如魚骨形的排列，構成四通八達的交通網絡

啊京九，您經歷了華北、黃淮；鄱陽、嶺南諸域
覆壓範圍達五十萬平方公里，受益的人口更是無數
您農產富饒；金屬礦藏九十餘種，煤和石油二〇〇億噸
您被譽爲「黃金通道」，您是人民脫貧致富的希望
把農業生產健全，再發展農村副業，經濟才有活力

在您全速帶動農村繁榮後，再小規模發展城鄉商業
觀光旅遊業、工業，然後各大型企業次第而來
有了您，一定可達到：先脫貧再從溫飽到小康

「要致富，先修路」；雖是民謠更是難得的共識
大夥兒拉高褲管，捲起衣袖；發揚「京九」精神
今天有從北到南的金魚骨形——縱貫直行的「京九」
明天將更有以蘭州爲中心的蜘蛛網式——輻射網出現

這蜘蛛網式的鐵路——既要長、又要寬、更要舒適
東向太原、濟南而青島；南往甘肅四川而貴州雲南
西出青海新疆阿富汗；北從內蒙至外蒙楞格河畔
願國人齊協：力千車萬路，萬路千車即展現在眼前

後記：

記得我第一次返鄉探親，在廣州下了飛機，住在流花賓館休息了一夜，即在羅湖搭上京滬鐵路的火車，播音員說：「各位旅客（其實她是說：各位臺胞，因車上有開放後，第一批返鄉探親的臺胞：我身畔就是香

港歡樂無線的記者江關生兄，您們現在已經出了廣東、進入湖南省境了」……我在睡了一宿之後醒來，又聽到：「現在是江西省境，萍鄉就快到了！（而我就是要從萍鄉下車；不久隨車服務員來叫醒我……）」——我反覆思想：「出了廣東；進入湖南；到了江西」……這幾句話。一種旅程遼遠，幅員廣袤的意識，塡滿了心胸。在臺灣住了數十年，到最遠的地方去，都總是朝發夕至的，像這種「出了那裡；進了那裡；到了那裡」，這種高遠，寬廣的說詞，確是第一次聽到，我的心情激越更感動，直覺地感到：我的祖國、我的家鄉，多偉大啊！禁不住眼淚刺刺地流下來了。

當我到了萍鄉下了火車，景德鎭日報的總編輯曾春生先生，送我到了月台，車站內幾位女服務員在圍爐烤火，我走過去告訴她們：「我要回蓮花」。她們異口同聲說：「沒有車；明天才有車」……——（其間數次返鄉探親或參加會議「交通」總是最大問題）

第六次返鄉探親在南昌下飛機，我的一位在南昌大學工作的表親王金仁先生，在車站接我，在南昌停留了一夜，第二天租車回蓮花，一路上停停走走（因爲正在修路），花了將近十小時，司機先生告訴我：先生下次回來，就不會這樣辛苦了，因爲「京九」路就修好了！而且他還告訴我：京九路是從北京，一直修到九龍……（一九九三年開始修築筆者註）

我聽了直覺得他言過其實；因爲自北京到香港九龍——有兩三千里路啊！何況一路上，儘是高山大河、深谷險巇，這麼大的工程，那能在三兩年之內完工的！

……………

至一九九五年六七月間，我陸續在報紙和電視新聞上，閱聽到有關京九全連舖設完竣的消息，而且就在

（九五）十一月十六日下午三點十五分，在江西與廣東的交界點上，順利對接成功了。至此，連接北京和九龍的國家級大幹線，算是正式舖設，接軌完成了。

——眞的，費時只有三年不到的工夫！

中共國務院副總理鄒家華親自蒞臨剪彩；政協主席李瑞環說：京九路的建成是：「功在當代、福及後人」。

——這樣浩大艱鉅的工程，這樣驚人的工作效率，只有中國人才行，只有中國人才能辦到——全長二千五百三十六公里；大小橋樑五百四十九座；隧道一百廿六條，只花三年不到的時間，這不是「奇蹟」二字，可以說明一切的，實在令人敬佩，令人感動。

適於此時，廣東「珠江潮」文學雜誌社周西籬編輯，來電話說：珠江潮要改版，希望能幫她寫篇文章，於是就寫這篇「京九禮讚」，以表達我對京九路全體工程人員的敬意。

寫於一九九五年十二月八日早上蓮花廳
同年廣東省廣州市珠江潮月刊廿三期發表
世界論壇報一九九六年四月十四日轉載
江西文獻月刊一九九六年七月一六五期重刊

「南水北調」頌

根據媒體消息指出：大陸西北地區缺水嚴重，爲了解決這項問題，有關研究機構提出建議，從西藏「雅魯藏布江」，調水至四川省阿壩坪草地流入黃河，以方便開發大西北。

一千二百多年前，詩人李太白說：「黃河之水；水從天上來」。

一千二百多年後，詩人賀志堅說：「黃河之水；水從雅魯藏布江中來」——：

從雅魯藏布江的——
馬灘起；一路攀昇，經
怒江　至
瀾滄江　逆勢而上
金沙江；再登
雅礱江　改乘雲宵飛車　至
大渡河；才瀟瀟灑灑地來到
天府之國——四川省的
阿壩坪草地　流入
黃河
歷經險巇　驚濤駭浪……
這一千八百里路長的——雲煙和風月
這二億立方公尺長的——金波與銀流
浩浩　湯湯
脈脈　潺潺
涓涓　滴滴
浸潤在大西北的隴畝和草原
由此！千家萬户；萬户千家
大地；人民。受益於無窮

後記：筆者一九九九年十二月五日，於中共「京九鐵路」，在江西與廣東交集接軌前五天，曾寫了一首長詩：「京九禮讚」，在世界日報及廣東珠江潮雜誌發表。曾提到：在中國的土地上，交錯縱橫、奔躍馳騁著四條「龍」。曰：長江、曰：黃河、曰：長城、曰：隴海；現在「京九鐵路」築成，是新興崛起的「第五條龍」。如果，此刻的「大西線『南水北調』工程成功，將是中國土地上的『第六條龍』了。」

按：「京九」全長二五三六公里，穿越隧道一二六座，通過五四九座大小橋樑。而今設計中的「南水北調」工程，全長也有一八〇〇公里；自西藏雅魯藏布江的「馬灘」為起點，中聯起怒江、瀾滄江、金沙江、雅礱江、大渡河；到四川省的阿壩坪草地—入黃河。自各江引來的水量為二億立方公尺。這項工程所關涉的地方，擴及青海、甘肅、寧夏、陝西、新疆等五個省；間接受益的有：內蒙古、山西、山東、河北、河南、天津和北京等省市，眞可謂工程浩大極矣！特此以詩記之。

一九九九年十二月九日蓮花廳

世界論壇報發表

星星、月亮和太陽

(一)星星

哦！你這活潑可愛的小精靈
小眼睛睜得大大的，閃著光輝
整夜你都微笑著，擠眼弄眉
說吧！有什麼事情值得如此高興

(二)月亮

哦，月亮妳又出來了，如此萬種風儀
展開妳嫵媚的臉與銀色的裙衫
發光的小河邊有美麗的少女在漫步
她恬靜深沉的眼睛安息著妳的明麗

(三)太陽

哦，太陽您升起來了嗎？滿身金碧輝煌

爲您之故小河之流波那能不呈獻它的瀲灩
連那萬綠叢中不也是閃爍強烈的光的波動
升起來，升起來喲，永駐麗日於中天

一九五八年三月卅一日寫於金沙灣
同年四月五日在聯合版副刊發表

山海篇

㈠山

我堅定　我不移
——我是山
　不擇壤土　岩石
不揀樹木　花草
我是典型的開放社會的塑造者
我願　包容一切，共生而互榮
　被拓荒者　追逐的動植物們
請遷來住吧！毋須提出申請
這裏不分穠、纖、高、矮
陽光、甘露、與養分同沾
　我是生命的母親

(二)海

我永恒 我不涸
——我是海
不捐細雨 涓滴
不拒清水 濁流
我是莊子哲學的實踐者
天生曠達 視美醜如一
只要你欣然地投入
時間即能潛化成一片冰心
深宮中有千古常新的神話
聽老龍王龍母鶼鰈不休的戀情
我是好客的，歡迎你住下

一九七九年十二月三日於師範大學
一九八〇年四月號葡萄園詩刊發表
入選葡萄園一九九七年詩選集

北宜道上之春十一章

一

一聲蟄雷，驚動了窗前盆栽中的小紅楓，
急忙豎起紅嫩的雙耳，諦聽遠處傳來的春訊。

二

因羨萬物欣榮，也趕緊打開鐵門走出水泥叢林，
北宜路上木棉樹來不及穿衣，都高舉金樽相迎。

三

細雨絲絲綿綿，和風縹縹緲緲，
婆沙、舞踊的樹，掛滿綠色的雨、綠色的風。

四

樹上的重泉，被風搖落成潺潺溪流，
楊柳爲溪流，飄一道翠綠垂簾。

五

車登平嶺方知頭已頂天，伸手就可以捉住白雲，
長久習慣於仰望，今見千山萬嶺爲我低頭。

六

圍籬下慵睡的鵝鴨，爭先滑進了春江池塘，
伸頸、張翅，呱呱長鳴，潛入水中戲撲綠波。

七

尖筍脫籜，綽約成新竹，心心葉葉細語平安，
燕子疊影呢喃乘風乘雨，在竹林柳簾間穿梭。

八

莊稼漢駕轆轆鐵牛，追趕流雲，肩挑陽光，
踩青山綠水，在藍天白雲上蒔植新禾。

九

四月，禾苗的綠浪，鋪天蓋地碰山倒岸而來，
把漠漠藍天，皚皚白雲，淹沒在綠浪之下。

十

薰風拂拂，鳥鳴嚶嚶，蝴蝶身穿彩衣翩躚，

每一棵稻穗和花草，噴出隨風飄流的清香。

十一

陽光劈劈啪啪打在莊稼的斗篷上、汗滴在禾土上，
春，舖滿了大地，豐樂充滿了蘭陽。

一九九九年四月四日寫於蓮花廳
一九九九年五月十三日葡萄園詩刊「臺灣之春」專輯
育達周刊、世界日報副刊轉載

後記：一九九九年三月二十三日有北宜之旅，一路上青山綠水，風光綺麗，見蘭陽平原的田畝，已蒔滿新綠，而藍天白雲映照在水田中，眞個是「春水共長天一色」，頓覺生趣盎然，歸途中綴成這十一章詩句，茲寄給編者填空也，已入選中國詩選集。

中秋夜遊

水田池塘鑲著清亮明鏡　人在其中
人踩著縱橫阡陌　也踩著
天光雲影　星星明月　徘徊
溪圳溝渠滿注月光流域　人在左右
人跨越蜿蜒銀流　也跨越
天河湖海　山嶽城鎮　遨遊
人佇立　即是宇宙空間中的座標
人行走　山河倒退日月與人同行
人恒在這幅既具體又抽象的畫裡

不要說人是浮飄；別說人是沉落
九重天地、三千世界、乾坤陰陽
眞亦能假、實亦能虛、重亦能輕

註記：①空間中坐標：爲直線坐標法的一種，取空間中任意一點之位置，用之於一定點之三定平面而決定其正確定位。

②三千世界：即是合一千小千世界，則爲中千世界；合一千中千世界，則爲大千世界；總稱三千世界。最上則爲無量、無邊。

③陰陽：易曰：陰陽合德，則剛柔有體，不說「陽陰」，而說「陰陽」爲何？因生生之謂易。陽主生、陰主死；若說「陽陰」，則死而不復生矣！先陰後陽有生生不窮之義焉。

大海洋55期詩刊一九九八年一月一日發表
一九九八年一月十八日世界論壇報轉載
同年江西文獻一七一期轉載
同年葡萄園詩刊發表題修正爲「鄉間即景」末三句稍作變動：

不管人飄浮　不論人沉落
人否定了虛實　否定了輕重
更證明太空宇宙　乾坤陰陽的存在

一九九七年中秋夜寫於臺灣省板橋蓮花廳

新詩三章

(一)燕子

燕子　她輕颺　飄逸地來了
幾回穿梭將滿天烏雲一一剪落
化作：陽光、烟霞；和風、細雨
大地草綠花紅　楊柳垂絲飛絮
氣象混沌　氤氳瀰濛　如醉　它
籠罩了風光萬里江南

燕子　在這天光雲彩　和風細雨中
——唧唧噥噥；比翼雙飛
燕子　在這花泥築成的窠巢裡
——呢呢喃喃：交頭同宿

(二) 楓葉

楓葉　她以鮮嫩翠綠的色澤開始
　　又用壯麗火紅的生命作結
有人說它：象徵「愛」
有人說它：代表「詩」
它啊，頂著自己「生命的色澤」
　　　——綠滿人間
　　　——紅遍天涯
不願隨風飄零、化作塵土　要爲
天下曠男怨女——牽結良緣
天下墨客騷人——招領詩魂

(三) 龍舟競渡

五月　竹葉和糯米、艾葉和菖蒲
演化成：端陽節的節景
綠河的水成了寬濶的行路
龍舟裝上了水花的羽翼
騰飛在藍天和白雲上

正合了「說文解字」那一句：
『能登天 能潛淵
能幽明 巨細 長短』：
兩岸的觀者拚命吶喊、鼓噪
龍舟只顧乘風破浪 向前
儘力彩繪出一幅古老的中國

一九九七年端午節臺灣省臺北市
「燕子」和「楓葉」二首入選「中國詩歌選」附記

氣象四題

(一)風月

璀璨的明月，輕飄的長風
飛舞的稻浪，思家的夢
借問風月幾時過江東
爲遊子捎個將歸的「訊」

(二)雨

妳有感於大地的污濁而痛哭了
妳沉重悲傷的珠淚
能洗滌原野任何漬垢　卻無法
沖淨侵略者的野心、殘暴者的罪惡

(三)烏雲

不要作藍天與土地的牆

不要遮掩星星和月亮
讓生物吸收甘露
讓人類生活充滿陽光

(四)霧

浮雲掩月　最美
面紗後面的臉靨　更迷人
霧　瀰漫吧；既然如是——
讓人的視野化作蒼溟

附記：本詩一九五六年寫於高雄，原爲四首「風、雨、雲、霧」，但其中「霧」一章，失落，爲保存原題特予補寫。出版前改爲「氣象四題」。附誌。原稿寫於一九八〇年三月二十日師大

女車掌

精巧的耳環，閃亮的鑽石，鑲銀鍍金的高跟……
好慕虛榮的；才愛穿織龍綉鳳的衣裙……
迷醉於霓虹燈花，臉敷水仙花粉和血紅的杜鵑
那是不健康的；藉賴人工修飾以騙取愛情的標幟

疾風吹著嗚嗚的號角　從車窗口闖進來
妳烏黑的頭髮，掀湧著海浪的波濤
那頂歪戴著的船形帽兒，用髮夾扣著
在烏黑的髮之流裏　載沉載浮

一襲足以象徵崇高的制服，潔亮而畢挺
它伴妳征服巔波不平的路；鄉村和城鎮

在你豐隆的胸前，沒有愛情騙子們的項鍊和雞心
那隻有著玲瓏小嘴的哨子；正把悅耳伴妳辛勞的旅程

當妳以古騎士的英姿，把守一車的關口
把一個個甘願忠順在妳麾下的百姓；一一統治
在這小天地裏，妳是女皇帝，原是無上至尊
妳竟以開明政治家的風度，謙恭地爲民服務

每當我進入妳的國度，心情像滾滾洪流的激動
我呀，是長在大江之南，乘大海的駿馬來的喲
在這流浪的歲月裏，我時刻冀望這異鄉的列車
載著歡笑熱淚和鄉愁，重回日夜縈懷的家園

寫於一九五八年二月一日二月四日在民眾日報發表
並於同年大道半月刊轉載
一九八三年九月廿九日中央日報中央副刊轉載

橋

之一

恆是以安祥而靜默地佇立
領受風雨、荷載重負

詩人說：我是英雄、聖哲
　　應該寫入他的詩篇
　讓人風誦、讚賞
畫家說：我是彩虹、游龍
　　應該畫入他的畫幅
　成爲風景中的風景

於是　山澗瀑上　我飛渡

江河激流 我橫臥
千百年來，億萬代以後
就只能做這麼一樁小事
用力伸展著雙臂
串連起兩岸的居民
讓他們手牽著手
心連著心
以這兒爲起點
向那兒延伸 擴展
擴展
延伸

一九八〇年八月五日夜寫於臺灣省
同年十月廿日秋水詩刊廿八期發表

之二

不止我一個人說錯了
——「我在橋上」！
今早我從這兒經過
我發現
我雙腳踩的那座橋
橋之上　還有
別人踩的橋；
我走上
別人踩的那座橋
橋之上　還有
別人踩的橋；
我再走上
那座別人踩的橋　的
橋之上　於是
我想擎舉起
那幅白雲　飄飄

那片藍天　揮耀
不止我一個人說錯了
——「我在橋下」！
今晚我從這兒經過
我發現
我頭頂下的那座橋
橋之下　還有
別人頂的橋；我翻下
別人頂的那座橋
橋之下　還有
別人頂的橋；
我再轉往
那座別人頂的橋的
橋之下　於是
我清晰地看見
滿天繁星　閃閃

一輪明月　盪漾
哦，哦！我恍然領悟
我並非在橋上或橋下
我乃與：滄海　江河
　山嶽　雲霧
　花鳥　虫魚
　日月　星辰
　戰爭　和平
　幸福　災難
　生存　死亡
　貧賤　富貴
　光榮　恥辱
同在其中
同在其中

後記：一九八一年一月八日下午停課，本擬回板橋，但因左肩痠痛，遂從師大直赴榮總門診，經正廳卻見道平兄正斜靠椅上，狀極倦惆。據告：建璇兄昏迷已兩天，尚在觀護，遂直奔急診室，錫生兄亦於此時趕至，建璇仰臥酣睡，仍不省人事，經我交涉緊急處理住院，并於六時入開刀房，深夜十一時始畢，錫生道平留守，余則遻返師大宿舍，早晚兩次經過圓山大橋，那種高架凌空，跨河飛渡之景，益增內心思維之起伏，深感人生有如過橋，上下皆空一樣，尤其念及建璇兄生死存亡難卜之際，感觸更深。寫於臺灣師範大學一二〇六室。一九八一年四月一日補記。

路

其一

在這廣漠無垠的土地上
你走過去留下一些足印
他走過去也留下一些足印
後面繼續而來的人們
就說：「這是前人走出的路。」

路　伸向了繁花的城市
路　伸向了偏僻的鄉村
路　伸向了平原和高山
我呀　正把腳步
伸向遼濶浩瀚的海洋

一九五八年五月廿二日聯合版人間副刊發表

後記：同年五月卅日東方日報、民眾日報副刊總編輯雲伯勉先生來函，謂讀者特別讚揚此詩，并附寄許多讀者的來信。

其二

有人住的地方——就有路
有路通的地方——就有人
——這是不易的定理
路有大小、彎曲
人有賢愚、不肖
——路總歸路、人總歸人
不肖的人抄小路
賢明的人走大路
祇有愚昧的人 在彎道上 摸索
你究竟是不肖的歹徒呢
抑是賢明的君子

還是愚昧的呆人

愚者和賢明的人終可達到目的
最後迷失方向徘徊歧途的
還是那些刁頑而且自詡聰明的人

一九五八年七月廿九日聯合版副刊
警民導報一一三期轉載

籃賽

這首詩，是賀志堅先生在觀賞瓊斯杯籃球賽時的即興之作。全詩分爲兩個段落；前一段爲整個「球場」；頭尾球架、籃圈，明顯可見；球場中雙方球員奔跑、追趕；你來我往，以及籃球在場中閃滾、彈跳，如見其影，如聞其聲，眞個如活如現、生動已極。

後一段寫觀眾及球員，雙方對進球、失誤的心理、情緒的反應，更是表現的淋漓盡至，感情逼眞，誠乃難得之佳作。此詩因爲排列與組合，頗爲新穎與特殊，故特作此介紹。

——育達周刊編者按語

喧嘩隱沒於一聲尖銳的

銀

笛

頃
刻
世界在我的手上或腳下
輾轉
迴旋
高飛
低滾

追奔
馳騁
跳躍
投擲
任憑兩極之間有多麼的
遙
遠

拋
出
即肯定了距離毫無意義

※ ※ ※

當
我
豁出的宇宙進入設定檻圈

驚慌
喊叫
鼓掌
狂笑

悔恨
嘆息
跺腳
捶胸
頓時爲世界竟是如此渺小

異訝

一九七九年十一月葡萄園詩刊發表

一九八七年七月十四日重修，臺北育達周刊轉載

街景

是平舖的、鐫刻的
棋
盤
是張掛的、精結的
魚
網
是頑童疊起的火柴
盒
子
從那地底砌向天宇
任
憑
仰觀 透視 俯瞰

如蜂巢
　如迷宮
　　如蟻窠
人　當作快樂的鴿子豢養
街燈　是成熟透頂的葡萄
　　串串、累累
　　　整齊的
　　　參差的
　　　弧形的
　　　散花般的　在
夜空中　閃爍
炫耀。用光澤誘人
路　是條條發光的河
人　乃波浪
車　是流水　那
　　　紅的

黃的
白的
金色的
流線、魚貫，襯以多樣
沉落、浮游，川梭之姿
曳留下
彎
彎、曲
曲
重重
疊疊的
蹤
和
影

一九八〇年元月廿日板橋蓮花廳寫
同年十二月廿二日大海洋詩刊發表
一九八一年二月號葡萄園特刊轉載

校區內素描

祇隔這一道矮牆喲
就形成了另一個天地
——歡笑　活潑　快樂和天眞
——書聲　琴韻　花香和鳥語
如果笑聲　能掬
我將　車載斗量以飲
如果書聲　能剪
我將　剪裁縫紉成衣
掬飲童年的天眞
剪下童年的夢景
記錄童年的歡樂
譜成一首永不衰老的歌

附記：一九七八年二月廿八日寫本詩原爲「校園組曲」共三首：「校門口；校區內；校園中」，編選時「校門」和「校園中」刪除。

原作刊葡萄詩刊
大海洋詩刊

航海者之歌

暗夜，月光把海面熔成銀流
朝暾，又爲粼粼波紋鍍上黃金
和風，輕拂在金和銀的海上
我高扯起一葉皚色的孤帆
夜夜日日，冒著浪花——
從容地將金海銀河犂翻
我同——
　海浪！波濤！風暴！雲霧……
曾一戰再戰；從不沮喪戰慄
衝過一道波濤，完成一個遠航的夢
激起一簇浪花，綻開一個美麗的希望

一九五八年工商日報發表
一九八〇年大海洋詩刊重刊

水手之歌

一、朝暾絢麗

腳印深烙在港灣，將身投擲於碧波浩瀚
用雙手把姓名寫在水面，融入渺茫和深淵
然後了無牽掛的仰首長天，引吭高歌
黎明爲歌聲點亮；大海的深沉被震響
寫在水面的姓名，更加絢麗和瀲灩了
是生命的騰躍，是理想的實踐、生活的開拓

反正姓名已然融入水中，是幻是實是虛抑是幽冥
再不用編織——人生苦澀與甘甜；悲愁與喜悅
生命就是海、海是一切；唯一的愛是向前航行
此時若像屈原那樣：「問天問地」；問個沒了

海浪、波濤、礁石、暗沙……都會覺得您討厭
要有「雖九死其猶未悔」那種精神和決心

二、昊昊陽午

日正當中，人天距離最近；是天與海交心的時刻
被朝陽拉長了的身影，壓縮回到了船的甲板上
海鷗繞桅低飛：「舉手敬禮」並高喊：「我的朋友」
捧一簇濺上船舷的浪花，含笑問它魅力何在
浪花不語；匆匆從手的隙縫間，溜回了大海
熱情依舊、深愛依舊、幻想依舊，夢亦依然

緊靠著船舷遠視，波濤疊湧，浪峰翻滾
前浪奮力竄起，後浪立刻將之一一超越、覆蓋……
一波又一波不舍晝夜—湮滅覆蓋，覆蓋湮沒……
那——千波之上，有陣陣的黑風　狂嘯
那——萬浪之間，有洪洪的怒潮　雷鳴
海之上有顛波的水手；海之下魚類是否安然

三、夜幕深垂

當暗夜籠罩住大海，水手們的心更凝定
守望著海，守望著波濤，守望著上下閃爍的星月
海水總是喋喋不休；星月卻是永恆的沉默
寂寞的水手打著在濤聲中，連自己也聽不到的口哨
從船頭投射在海面的燈光，剛爲他帶來一絲溫暖
今夜更深露重，從帽沿飛落的水滴化作心底寒涼
遙遠的燈塔、星星和月亮；是安頓水手們心靈的指標
一顆流星隕落的淒美，卻正增加心頭的憂愁與寂寞
雨，會遭來怨憤；晴天裡的一朵雲，則會贏得雀躍
回到港灣，就像回到陶淵明的桃花源；安適舒恬
歷經危疑震盪，驚濤駭浪；歸來就是「喜訊」
什麼都不要。只問陶潛—無懷氏、葛天氏的國何在

後記：一九九四年五月一日初稿於臺灣板橋蓮花廳

同年八月八日定稿於江西南昌大學專家樓二〇四室旅次。

發表於世界日報、現代青年月刊一六一期、葡萄園詩刊并入選「中國詩歌選」。

該詩發表后，我的一位曾在初中二年級教過我國文的老師李白帆先生，八〇多歲了，居然提筆爲我寫了一篇：「續賀志堅先生『水手之歌』後」的評論，在報上發表了，讀后非常感動：分別五、六十年了，老師也八十多歲，還對昔日教過的一個學生的作品，這樣深切的關注與愛護，眞太難得！特附錄於詩后，以爲尊敬。

讀賀志堅先生《水手之歌》後

李白帆

近日有幸，拜讀了賀志堅先生的大作《水手之歌》之後，恍惚把我引進了烟波壯瀾的海天之中，而寄身於一葦之上。詩之所以爲詩，主在繪聲繪色，傳神輸妙，其妙不可言狀，其色不須丹青，其聲不是絲竹金華，足可激蕩心胸，也可以使人悲歡奮激，或痛哭流淚，或婆娑起舞，其意態神情所及，人便溶化在詩，這是詩的高境，也可以說是詩的能動力和感應。

賀先生離家近半個世紀，接近很少，其詩作還是第一次欣賞，眞不愧自少就稟賦不凡，而今已升堂入室，華美馨香，獨燦一枝，良足爲當年同窗共校輩倩笑起舞。《水手之歌》意味深長，無論在派詞遣句因景寄情，都達到了高度的含蓄。水手們在烟濤微茫波瀾彌漫中冒險浮家，拚死維生，豈不是涉海無涯，回頭有岸嗎？世界上有些人被逼而上梁山，這些水手又豈不是被逼而下滄海？

海潮、烟波、礁石、暗沙……生活路途中必然隱伏的多種危機，能說不是生活的插曲，戰鬥中的曲線嗎？所以幹這類行業，無異永州那個捕蛇者同一楷模。

海上有海市蜃樓可以娛目，有朝暾煥發，把人影拉長到幾千萬丈以量海，可以奮志。不同的生活，有不同的感受，這就是生的要訣和美的感應。

太陽爬上了天頂，頎長的人影又壓縮回到甲板上來，此時眼光明朗，游鱗上網，在偌大個天池之中，幾點滄海之粟的魚舟，正是豪情洋溢的高潮；海鷗繞桅低飛，親切地向水手們呼喊「我的朋友」！這一聲「呼喚」，是象徵人世的寂寞？還是溫馨!?

奮戰酣情百倍，不覺日之既夕，儘管濤聲不絕，然而頂空已蒙蓋夜幕，水手們的心寧靜下來，守望著海，守望著波濤，守望著上下閃爍的星月，同時也隱約地看到遙遠的燈塔。

夜之神連同安琪兒把他們引入黑酣鄉。任它貓頭鷹在海岸的森林內製造血腥的悲劇，也不聽龍吟虎嘯……只安謐地進入了無懷、葛天的聖域；可能這就是世人夢寐以求的「烏托邦」的首都——稀世的樂園！

《水手之歌》至此爲止，情意悠長，層次清析，寄托在言詞之外，是一篇細緻提煉的好詩。其中兩處把陶淵明請來作陪襯，是作者對現實生活環境的調侃？抑或是對未來生存環境理念的渴望!?

高山之旅

一

金光從東方竄起，將緊壓在黑夜裏的山林強行釋放
頃刻，飛鳥千囀，樹上掛滿溪聲，花草兒迎風舞踊
星星閃爍熹微，愛提燈籠夜遊的螢火姑娘嬌羞退隱
慵睡的野鶩，被車陣驚醒，兀自鼓翼飄飛鶩影輕輕

車　迤迤邐邐於瀰濛的晨光中　左右盪漾
人　是在雲霧、林海的淺浪間　上下浮沉
山　把蜿蜒迴轉的路，幻化成彩帶；高低弄影
路　將重巒疊翠的山　當作成紙鳶；上下牽繫

叢叢簇簇　若舞若醉的　綠浪

——是深山沉霧、烟嵐中的　浮雲
層層疊疊　如棉如絮的　浮雲
——是萬山林海、綠浪中的　銀帆

山　循著路　迴環；曲而有容
路　依著山　旋轉；如往而復
景物　在諸多蜿蜒、彎轉中　一再幻化
人　是這盞——巨大走馬燈中的一個小影

二

深山中的晨照，是凝重的；朦朧又混沌
雲裏樹、霧裏花，隱隱約約中　竹籬茅舍
山田有如魚網和棋盤　從谷底懸掛到山尖
老農夫　終年在這網、盤上，爲人類播種希望
日正當中濃蔭深處，有水氣蒸騰、黑風叩響森林
從工寮茅舍嬝嬝升起的炊烟；是您心底的悠然

山空語響、伐木丁丁；由遠而近由近而遠而稀
千枝萬葉在陽光盪漾下的綠浪；翻滾舞踊如醉

累了坐下憩息；仰觀天際風雲相逐，俯察草木繁茂
或望風懷人、見浮雲思鄉；因景生情，隨心所欲
聽群山鳥鳴，看萬壑花草；沾沾享其快樂與芳香
回顧來自人潮嘈雜、車馬喧囂的身影，頓興惋嘆

黃昏剛臨，陰闇即從四面壓來，山林一片沉寂
遠望一輪紅日仍掛林邊；正高速度向長河滾落
二三雁行映在天際；看不出飛向落日或回歸山林
人　是這幅——秦漢？唐宋？明清古畫中的遊者

原刊葡萄園詩刊
一九九六年九月十六日蓮花廳書舍重修
載世界論壇報刊，現代青年月刊
大海洋詩刊，并收秋聲賦詩集

第三輯　花鳥蟲魚

假如　我是一株牽牛花
決不攀附大樹和花架
要用長靭的藤蔓
牽串串綠葉、紅花於荒漠
高奏　號角
引來　春風夏雨
引來　鳥語花香

——牽牛花

荷花吟

「出淤泥而不染」　實非
我之獨美　貴的是
　千萬隻玉盤　盛著
　千萬顆明珠　以及那
　千萬層醉人的馨香
既生　蓮篷　蓮子
復結　蓮藕　蓮心　尤以
「藕斷絲連」一語　蘊涵
千古以下多少有情人
繾綣、惻悱；纏綿，
牽繫；癡呆
癲狂；

著迷
不已……

一九七九年三月葡萄園詩刊66期發表
一九七九年九月一日福建名城詩報轉載

小草

之一

說它柔弱也好
讚美它堅韌更對
經歷腳踏、火燒、鐵剷………
幾曾抱怨!?
祇憑　春風一呼
又以瀟灑、飄逸之姿
綠滿江南！
綠滿江北！

一九七八年四月廿一日板橋蓮花廳
同年十二月一日載葡萄園詩刊65期
曾有人書寫成扇面，頗爲美觀。

之一

雨來了　我在您的窗前
用晶瑩的明眸　仰首凝睇

風來時　我在您的前後左右
以最現代的丰姿　舞踊　歌唱

在陽光中　我呀，更熱情洋溢地
爲您　獻上　嫩綠的青春

之三

我是愛美的
在任何泥土上
我都要將它粉刷得綠油油的

一九七九年三月十五日寫　葡萄園詩刊

我是謙讓的
您看！這世界越來越擠了
總還是要留條路給人走呀

我是勤奮的
每當旭日尚未在東方升起
新鮮的早餐已爲牛羊兒備好了

我是慷慨的
牛羊吃了餐點從不付給任何報償
我裝點這個世界也沒有條件

一九八〇年十二月號詩潮詩刊第四期發表

罌粟花

迎風擺弄著綠色的裙裾　散放馥郁，
戴頂紫紅或純白的花冠　嬌嬈動人；
在迷人芳香裡　蘊藏殺人的毒汁，
妳害苦了印度　爲我們帶來戰爭；
從此　中國敞開了五扇大門；
至今香港仍被英人強行霸佔！

一九七九年三月葡萄園詩刊66期發表

按：香港如今由我中國政府收回，已歷五年矣！補記二〇〇二年七月十七日

螃蟹與烏龜

螃蟹和烏龜，
皆因長相不雅；
　或意象欠明；
從古到今　蒙受著不白之冤！
——明明是　人們自己
「畏首縮尾；霸道橫行，」
卻硬要藉它們的：
形態與意象來咒罵別人！

一九七八年寫于板橋葡萄園詩刊發表

鮮花願

我乃一朵鮮花　喜愛在陽光和風中　展露才華
蜂蝶兒因欽羨嬌艷與馨香　鎮日舞踊在我身畔
請別把我摘下　掛在衣襟和鬢際　裝點俏麗
要知道千古佳人　從沒有一個能與花兒敵美

一九七八年元旦寫於板橋市蓮花廳書屋葡萄園詩刊發表

蝸牛的話

祇因我　偷食了些許
——野草和綠葉
人們就說：「我是一隻害蟲！」
——其實，比起那些
「偷天換日，監守自盜者」；
我走的路，倒是「清白」多了！

一九七七年葡萄園詩刊發表

蝦子和魚

我和魚　都是水國的同族，
人　卻喜歡魚　討厭我；
——有一天
當我倆雙雙死去，
人們卻才歉愧地　憐惜的……
珍視我艷麗的外殼！

一九七七年葡萄園詩刊發表
一九八四年六月廿二日工商日報春秋

牽牛花

之一

生來慵懶骨軟、盤地繞轉；但卻好高騖遠，
祇要有賁綠攀附的機遇，就扶搖不已；
擎綠旗前導，接二連三的號角；
一付王者威儀；
居大樹頂端，沾盡陽光甘露；
還向低處同類，揶揄和訕笑！

一九七八年四月廿一日板橋市蓮花廳
同年十二月葡萄園詩刊六十五期發表
一九八四年六月廿四日工商日報春秋轉載

蛹之變

母親以絲囊 懸我生命於草木、壁間……
採野花的小女孩說：
我是殭死的毛毛蟲，討厭！
當綠色的和風 輕……輕地吹過，
我破蛹而出；竟是她
夢寐以求的 美麗多采的蝴蝶！

一九八四年六月廿三日工商日報春秋
一九九一年福建省名城詩歌選萃第一卷選入

吉祥鳥

喜鵲討人歡喜的原因，是沾了名字美好的便宜；
鴿子被當作和平的象徵，就令人費解了！
龍、麟、龜、鳳代表祥瑞，竟也爲人所接受；
唉！一切是非褒貶，就憑人這兩片嘴呀！

一九七八年四月廿一日發表於葡萄園詩刊65期

蜘蛛

傍晚 在小閣樓下 憩涼
見蜘蛛吐絲結網；技巧精妙
頓悟出：人類結網漁獵的本領
還是 跟蜘蛛學習而來的!?

一九七八年四月廿一日板橋蓮花廳
同年十二月一日發表於葡萄園詩刊

春蠶

之一

春蠶也是一種吐絲的昆蟲，
卻缺少蜘蛛　那份高超的智慧；
蜘蛛結網，爲的是　捕捉飛蟲；
春蠶作繭，反而禁錮了自己！

之二

彷彿到這人間來
就祇爲編織一個夢
但空有情絲千縷

一九七八年四月廿一日板橋蓮花廳
同年十二月一日在葡萄園詩刊

總繫不住
那縹緲的緣
嘗盡所有的苦痛
最後仍甘願以生命的膏液
凝聚成柔韌的錦囊
深藏住這不朽的愛
期結來世來生

一九八三年六月一日載中央日報中央副刊
福建名城詩報一九八九年轉載

按：「春蠶」一詩，原與「春蠶」與「春怨」、「春景」三詩爲「詩三章」，但寄給中央日報中央副刊發表時，折開成三首，并將「春景」改成「風景」：「春蠶」—六月一日；「春怨」—六月五日；而「春景」改爲「風景」，發表於七月二日。但「春怨」我於「腳印」十一期發表時，後二句：「就虛度這花季吧／不如聽踏青歸來人語」；改爲「夢已幻、願已違、心已遠／武陵人去千呼萬喚難回」。附誌。

鳩與鵲

「鳩佔鵲巢」；「慈烏反哺」 以及
「羔羊跪乳」，都被科學家推翻了！
「犬守夜，雞司晨；蠶吐絲，蜂釀蜜」……
該不會有人 提出懷疑的見解吧!?

令人詫異的是：
「盤古開天地；上帝造人類」
「天堂乃指何方？地嶽究竟有無？」
這等事科學家卻反而不聞不問呢!?

後記：該詩原列「花鳥蟲魚集之三」，衹有前四行，後四句增列於一九八一年一月廿三日
臺灣師範大學三〇二室。

柳樹

且莫問那插柳的人　是有心抑是無意，
反正我已經迎風而立　長在這裏；
如果　您肯在柳蔭下小憩，
且瞑閉雙目　聽聽風聲和蟬鳴；
也許您會悟出一些人生的哲理來！

一九七九年三月號葡萄園詩刊發表

種子

在北風呼號中　泥土是冰冷而僵硬的！
您熱情的將我埋下；埋下了我
原就是埋下了人類生存的希望；
您深信我不屈的生命
會在隆隆的春雷中　發芽　開花　結實；
因此　我有無限的感謝
感謝先人的遺愛；今人的努力！

一九七八年二月板橋
同年葡萄園詩刊發表

蜜蜂

我仗著劍　行吟於萬紫千紅之中
我的歌聲　逗得滿林鮮花俯仰微笑
輕……輕地　吸吮花蕊中的乳汁
然後　用我的辛酸釀造成甘露

能用歌　我決不依仗劍
揮出劍　等於豁出了生命
爲抵抗不惜死；乃深知
歌　能使人笑；劍　卻令人哭

葡萄園詩刊發表

後記：一九七八年六月六日正低頭批改作業，忽有推銷蜂蜜者，佇立桌前，有感書此。

鴿 子

這世界　有如受擊的蜂巢
妳　還在這危檐下　咕嚕咕嚕

當妳在悠揚的鐘聲裏　鼓翅奮發
曾否嗅到天蓋下：
濃烈的硝烟　混合熾熱的狂燄
戰爭在黑地昏天的燃燒

哦！妳原是一隻平凡的鳥兒　愚而且笨
那能懂得人間的——「戰爭與和平」
回到深山去吧！
別再背負那塊欺人自欺的牌子
只因妳貪戀繁華，愛食白米的珠玉
聰明的人　才一再將妳豢養和愚弄

一九五八年十月廿六日頭城中學宿舍

附記：是年余執教於宜蘭中學，每逢星期假日，即從宜蘭去頭城苐叔處，苐叔時掌頭中教務，性喜田園之趣，蒔花滿園，家禽成群，並在屋檐一角，餵養鴿子廿餘隻，每坐檐下，花蔭處小憩，鴿子就在窠巢內，相互追逐，咕嚕咕嚕，叫啼不停，有感寫之。

燈蛾

我乃　來自
荒遠　蔓草叢雜的曠野，
曾歷經風雨　穿越黑暗與恐怖；
——當我　追求到一線光明時
油燈下　又多一個
「勇敢的殉道者！」

一九七八年元旦於板橋蓮花廳書屋
同年發表於青年世紀、葡萄園詩刊

花的假如

之一（桃花）

假如　我是一株桃花
要儘可能的珍愛自己
盛開時　固宜
盡力顯露著色澤和芳馨
即使　凋落；也要
化作鮮肥　養壯我的根
成漿　成泥
讓燕兒啣去營巢
決不隨風飄落在水面
　被人譏爲輕薄！

一九八〇年六月十七日（庚申端午詩人節）自立晚報副刊

之二（李花與杏花）

假如　我是一株李花
一定要與杏花　爲伴
以我的雪白
　她的嫣紅　揉合成
天邊的彩霞
不作姑娘們臉上的笑靨

　後記：本詩於一九八〇年六月十七日（庚申端午詩人節）發表於自立晚報自立副刊，並選入該報叢書「假如專集」。同年十月重訂，將末二句，刪作：「揉合成一個錦綉世界」在詩潮詩刊發表。附誌。

之三（菊花）

假如　我是一簇菊花
決不在霜雪酷寒中　綻放
天生麗質
應與　群花爭艷
爲一句「獨傲秋霜」
　而「孤芳自賞」

不亦沽釣　矯情!?

一九八〇年二月寫板橋花蓮廳。同年六月十七日自立晚報副刊發表并收入該報叢書——「假如專集」。

之四（牽牛花）

假如　我是一縷牽牛花
決不攀附大樹和花架
要用長韌的藤蔓
牽串串綠葉於荒漠
高奏　號角
引來　春風夏雨
引來　鳥語花香

一九八〇年三月寫。
同年十二月號詩潮詩刊發表。並選入自立晚報「假如專集」。
一九九一年福建省名城詩歌選萃第一卷轉選入

之五（玫瑰花）

假如　我是一種玫瑰花
決不生長銳利的荊刺

嬌艷與芳香　乃天下無敵
棘刺祇能阻止「愛與被愛」
——寧舍棘刺而取柔美
予人以　完美　和諧的印象

一九八〇年三月九日，寫於北宜道上旅次。
同年六月十七日發表於自立晚報副刊庚申端午詩人節。

之六（蘭花）

假如　我是一株蘭花
一定　峻拒別人的供養
情願長在深谷
讓同類分沾馨香　說啥
具有王者威儀和風采
我祇是天生寧靜、淡泊而已

一九八〇年三月寫
同年六月十七日發表於自立晚報自立副刊。并收入該報「假如專集」。

桃花·李花·牽牛花

假如我是一株桃花
一定要與李花爲伴
以她的嫣紅
我的雪白
揉合成一個
錦繡世界

假如我是一束牽牛花
我決不攀附大樹和花架
用長長的藤蔓
牽串串綠色於荒漠
高奏號角

引來　春風秋雨
引來　鳥語花香

後記：「花」稿一九八〇年六月十七日，以「杏花與李花」和「牽牛花」爲題，發表於自立晚報副刊，並選入該報叢書——「假如專集」。

同年詩潮詩刊第四期轉載。小花和小草并已有商人書寫印製成扇面，頗爲美觀。

藍色的牽牛花

謝了的那株牽牛花　又開了
命定它原該寄人籬下
但她好高騖遠　愛向上爬
奈何長在荒郊　煢煢而孤獨
整個梗幹　像無骨漢盤旋地下

一天　好心者憐憫的將它攙扶
他便一腳踩在別人的頭頂上
放蕩地吹起奴役的藍色喇叭
他喜歡碧色的天宇　披陽光戴雲霞
愛在和薰的風裏　跳著綠色的輪巴
大自然賜予佔盡　管別人蒼白枯黃

緣何不將腰背挺直　腳跟踮起
好讓它爬得更高更高　伸得更遠更遠

一九五八年四月三日於基隆
同年五月在大道半月刊發表

鳥之際遇

孔雀的羽毛　是艷麗的，
金絲雀兒的聲音　是美妙的；
烏鴉的模樣兒　是醜陋的，
貓頭鷹的嘴臉　是凶狠的！
就這樣　註定了彼此的命運！
——慇懃的豢養
——無限的放逐
被豢養者　生活必受限制
被放逐者　其天地卻寬了！

一九七七年寫定葡萄園詩刊發表
一九八四年六月廿二日工商日報春秋

月露風雲十首

(一)花落成泥

栽滿園牡丹　迎風
——淺綠　淡白　深紅
花中之花　美中之美

一陣颶風暴雨之後
黛玉已去；誰來憐我
唯望多情的燕子銜去
重築一巢春夢呢喃

(二)螞蟻渡河

颱風之夜趕回家
小河漲滿了水

慌亂中爬上一片樹葉
折一截尖草爲槳
當作船兒擺渡　輕搖

歷經險浪急波
河岸上傳來一陣呼喊
大夥兒擠在一朵菌子傘下
共撐著這——滿山風雨

㈢雨也有怨

隴畝稻穗
池塘荷香
——這一片錦繡
是誰？化育而成
每當綿綿雨絲——滴嗟
您曾否
伸頭窗外　問一聲

——「跌痛了沒有？」

㈣月行人隨

別問：愛您有多深
您一定曉得；天上天下
唯有我倆夜夜結伴同行

這樣　您若還不放心
我只好化作一條江
「千江有水千江月」
您的容光永照在波心

㈤清風翻書

花之媒　水之浪；
草木之生、稻穗之實
乃我滋潤　化育

師之善教　如坐春風
是您對我的：稱揚和讚美

是我：聞誇心喜吧！
掀翻了一下桌上的書頁
一句：「你不識字」
惹來殺身之禍　活該！

㈥雪花六出

人們喜歡——雪
不僅僅由於它的潔白
是它「花飛六出兆豐年」

人們喜愛——年輕
就說：「青山不老」
但春寒冬冷時
千山萬嶺盡白頭

㈦傘的話

風雨來了
我們相依相靠　竝肩而行；
原指望

——您立地　我頂天；安危相仗

…………

太陽出來時
您把我壓縮收攏，放在陰暗的一角
只顧自己　溫炙暖麗的陽光

(八)山中夜雨

昨夜山中，飄洒著綿綿細雨
我是層層疊疊綠葉上的重泉
經千辛萬苦滴溜成—池塘和江河
瘋瘋癲癲的詩人：青山綠水吟唱起來了

挾陽光和藍天白雲，流過山野鄉村繁花
一路上唱著發光的歌，追趕月光的柔美
我，綠水喲！本來是快樂和無憂的
愛管閑事的風，硬把李白那份萬古愁緒
粼粼的漣漪無限地，全皺舖在我的面上

(九)向日葵

是您用柔荑的手，把我安排在山坡上
每逢夏秋之交，總是踮起腳跟伸長脖子
頂一頭「照眼的黃」回報您曾一度凝睇

我不是「畫紙上跳出的太陽」 我曾是
竟照九州的紅日；是后羿這無賴 無端的
把九個太陽中的八個一射下了塵凡

太陽光芒四射，從東方騰起西邊飄落
我一年到頭，舊情依依跟著它東西旋轉
「向日葵」？不對，我向了太陽又向月亮
別再那樣稱呼我；我原本就是「太陽」
渴望強烈的光與熱；愛與力
賣力的演出，盡情揮灑出生命的黃

(十)楓葉飛揚

春天，我用綠色的聲音一呼：瞬間凝成風景
大地因我而年青；花花草草一路拂拂揚揚

不願在熾烈的夏天，一窠蜂湊熱鬧
單挑秋天霜露寒涼，百卉凋零時
乘一縷蕭瑟的風，輕輕地在上林盪起

是楓紅？是彩霞？飄飄隨風漫天飛揚
老實人說我：是一片楓葉
小孩說我：是會飛的蝴蝶
熱戀中人將我寄往遠方，當作山盟海誓
那個半瘋的詩人說我，既詩情又畫意

幾番春風秋雨之後
小孩變幼童、詩人詩心老去
夫妻反目；熱戀中的人分手了
唯有老實人將我掃集成堆　燒成灰燼

一九九九年元月廿日　星期日蓮花廳
一九九九年二月世界詩集

後記：這組詩是因爲看了《乾坤》第九期談眞的〈向日葵〉中：「山坡上照眼的黃 是／跳出畫紙的太陽」兩句詩的啓示，我覺得實在寫得很好，她用很平常的字，卻組合出不平凡的詩句來，讀了令人激賞。

潘皓的〈落葉〉：「是爭自由／抑或另有所期許／既選擇了漂泊／又爲何擁抱著西風啜泣」，也是用極其普通的字，組合成極不普通的詩句來，特別欽佩。引發了我的靈感，寫下這組詩，題目都來自《乾坤》詩刊中。其實，我是喜歡寫散文，寫詩並不在行，但是，我喜歡別人和自己用平常的字和語句，創作出一些極其活潑生動可愛的詩句來，自娛以娛人，博其會心一笑，不要轉彎拐角；讓人一看就懂，才是好詩。

《乾坤》是年輕的，但它「少年老成」，每期都有超水準的演出，眞是可喜可賀。

我讀《月露風雲篇》

龍拑

昨天期考完，教室內熙熙攘攘，桌上的閒書特別多，——小說、散文、詩……各類書刊都出籠了。

朝會完畢，我走進教室，看見學藝股長將許多首新詩，抄寫在黑板上，總題目爲：《月露風雲篇》。我雖然教數學，說眞的，我曾迷上過文學；因此，我從頭到尾一口氣讀完，感覺非常好，尤其感謝作者，在最後一首，把題目注釋明白了，不然，我只感到這題目很美，還不知道有這層深意呢！

我問學藝：這詩從那裡來的？姜伯仁立刻從教室後面，傳上來了一本《乾坤》詩刊。以前我從未見過，樣子有古典的味道，趕緊翻到《月露風雲篇》，想仔細點看，但看到：〈落花成泥〉中的「黛玉已去，誰來憐我」？淚水漲滿兩眼……只好向同學借來在辦公室拷貝了八九份，分給老師們看。我說：「來喲，奇詩共賞啦！」大家搶了去……聽說李媛她們又去複印了許多份，一首新詩，能引起大家傳印，眞可說是「洛陽紙貴」了。

回到家，已是晚上七點，坐下來打開詩刊，那句：「黛玉已去，誰來憐我」？又從詩中跳出來，凸顯在眼前，因爲旁邊無人，說實話，我幾乎是放聲大哭……不知是詩感動了我，還是我心中的深情，感傷了自己；總之，淚流滿臉，棉紙揩了一堆……我淚眼汪汪一行行的唸，好像睜著眼，閉著眼，滿地都是落花片片一樣，巴望這時眞的有一群燕子飛來。將它啄起—「銜去重築一巢春夢呢喃」。我一手揩眼淚，心裡喃喃地祈禱。

看到〈月行人隨〉，也令我特別感傷，心悸不已，不知道是這位詩人特別細心，還是我平常過於粗心大意—在月下趕路，在月下散步，就從未注意到：人在地上行，月亮竟也一路跟隨不離呢？爲了實際體驗「月行人隨」的情景，吃完晚飯，就拉著耑耑到公園去，來回走著，並不停的抬頭仰望，大概是注意力集中，覺得月亮特別圓，特別亮，特別可愛一樣，只可惜不能像作者，化作一條江河！這樣把一輪明月擁入懷中多好。夜深從月下歸來，我開門關門好幾次，總不忍心把月亮關在門外。

至於〈螞蟻渡河〉是描寫颱風的景況，作者藉螞蟻來喻受風災的人，頗爲傳神、眞切、感人。我也曾經歷過颱風災難，那種風雨呼嘯、震盪，樹倒屋塌的慘況，至今記憶深刻，所以對詩中：「大夥擠在一朵菌子傘下／共撐著—滿山風雨」，特別令我感動，就好像颱風時，屋塌了，那殘椽斷壁……大家擠在危樓下等待救援的情況一樣眞切，使我深受感動。

最後〈雨也有怨〉中那一段：每當綿綿雨絲—滴噠／您曾否／伸頭窗外—問一聲：／「跌痛了沒有？」也使我感受頗深，聯想更多……不是嗎？人與人之間，假如能相互多關切一點，生活上多照顧一些，精神情感多體恤一下，這個社會一定更和諧，更安祥，相處就不會有疏離及漠不關心的情形了，可惜我們都忽略了！讀這首詩，給了我許多啓示。

至於〈雪花六出〉、〈清風翻書〉等是作者把一些「典故」加以活用了，這對於練習寫作的人，也是一種啓示，有指導作用；最少告訴了讀者，要多讀書，要消化，要會運用。總之，這幾首詩是精緻的好詩。（作者爲一高中女教師龍柑）

一九九九年乾坤十期

木棉樹

莫笑我的花兒開得早
莫笑我的葉兒生得遲
這是祖先的遺傳　娘的吩咐
勸我勿趕在萬紫千紅時湊趣

任楊柳枝兒怎樣柔
任玫瑰花兒怎樣艷
我不是趕時髦的姑娘
管它春來　春深　春去

恒是以茸茸的柔絮　溫暖人間
以一襲薄薄的青衫　豁給秋風

然後，以一身崢嶸的傲骨
抗拒寒風　抗拒冷雨

附記：一九六九年三月廿日，因事往訪政大課務組主任張春華同學，途經臺大羅斯福路，見兩旁木棉樹上金花盛開，但槎椏光禿，枝無片葉，然朵朵紅花，像金樽仰向天宇，陽光傾注滿杯，樹枝蒼勁，花朵嬌麗；眞是陽光迷人，鮮花醉人，頓有所感特賦此詩，以作紀念。一九七九年四月一日寫。

按：本詩原刊「葡萄園」詩刊第六十七期，經詩人文曉村選入其所編著之「寫給青少年的新詩評析一百首」的「植物篇」中。一九八三年五月十六日農業周刊「詩文欣賞」欄，悦眉先生特提出賞析。茲附錄文先生和悦眉先生其評析如下：

文曉村先生賞析

「木棉樹是落葉喬木。」在臺灣，常見木棉樹花先開、葉後生，與一般花木先長葉、後開花者不同。尤其秋天落葉之後，光禿禿的枝椏，顯得格外具有風骨。

「木棉樹」是一首詠物詩，文詞淺，又不用典，任何具有國中程度的人，一看就懂，似無多作解釋的必要。但若眞的只看文字表面的意義，不做較深一層的思索，那就不免辜負作者的苦心了。

我們知道，一般詠物詩，多有藉物抒情的意味；「木棉樹」更是明顯的以物喻人的作品。試看「莫笑我花兒開得早／莫笑我葉兒生得遲／這是祖先的遺傳　娘的吩咐／勸我勿趕在萬紫千紅中湊趣」。這不是一個守正不阿的君子的自白嗎？他要維護「祖先的遺傳」，聽「娘的吩咐」，不跟那些趨炎附勢的流俗小人湊熱鬧。「任楊柳枝兒怎樣柔／任玫瑰花兒怎樣艷」，他毫不動搖，不趕「時髦」。他不是視覺的裝飾和盆景，而是「恒是以茸茸的柔絮　溫暖人間」的有志之士。秋天到來，他「以一襲薄薄的青衫」，把自己「豁給秋風」；隆冬時際，「以一身崢嶸的傲骨／抗拒寒風　抗拒冷雨」。這不正是中國傳統文化薰陶出來的，「富貴不能淫，貧賤不能移，威武不能屈」的，堂堂中華男兒的象徵嗎？讀詩能夠體會到這一層，對於默默耕耘的朋友，總該有安慰和鼓舞吧。

悅眉先生析賞

在這春夏相交的季節裡，我們經常可以在郊外，看到一片懾人的橙紅，那是綴在光禿的枝椏間的木棉花。有人說，它是一種屬於「雄性」的花，因爲它的體積是那麼地碩大無朋；也有人說，它是一種最蠻不講理的花，因爲它的顏色是那麼地明亮、搶眼，足以掩蓋住其他花朵的光彩；更有人說，它是一種有聲音的花，因爲我們都無法拒絕它的呼喚，而把眼光投向它處。詩人賀志堅（筆名賀蘭大風）曾寫了這首「木棉花」來描繪它、歌頌它：

木棉花

莫笑我的花兒開得早
莫笑我的葉兒生得遲
這是祖先的遺傳　娘的吩咐
勸我勿趕在萬紫千紅時湊趣

任楊柳枝兒怎樣柔
任玫瑰花兒怎樣艷
我不是趕時髦的姑娘
管它春來　春深　春去

恒是以茸茸的柔絮　溫暖人間
以一襲薄薄的青衫　豁給秋風
然後，以一身崢嶸的傲骨
抗拒寒風　抗拒冷雨

這是一首適合於朗誦的現代詩。我們都曉得，木棉樹是一種落葉喬木，而且在春天時是花先開，葉後生，沒有綠葉襯託的大紅花朵，顯得相當突出。至於秋天葉落之後，只剩光禿禿的枝椏，也頗予人倨傲孤高之感。

這首詩的第一、二段，寫的便是它在春天時的風致，不管春深，不管春去，它一逕地紅著，它不屬於楊柳的柔——它是硬挺的，它也不屬於玫瑰花的嬌艷——它是一種「霸道」的，硬是要奪人注意力的鮮明。

秋風來時，綠葉便紛紛飄落了，「以一襲薄薄的青衫，豁給秋風」——綠葉離枝而去，卻是一點也不依戀，多麼瀟灑，頗有幾分「千山我獨行不必相送」的意味哩！而在冬日的寒風冷雨中，它以「一身崢嶸的傲骨」，挺立不拔，等待來春的消息，也透出了幾分的堅強和孤高，猶如「松竹梅」歲寒三友一般。

我們知道，一般的詠物詩，多有藉物抒情的目的，這首「木棉樹」顯然也是藉木棉樹的不趕時髦、獨具特色與不畏寒冬，來比喻一個君子的品行、操守。

你曾想過嗎？「木棉樹」除了具有「雄性」「蠻不講理」「有聲音」的特色之外，它也是一棵「君子之樹」呢？下次走在郊野，或是臺北市的羅斯福路上時，不要忘了多看它一眼，向它致敬哦！

提到羅斯福路，我們不由得還會想到，除了木棉的行道樹外，還有許多許多高大聳立的椰子樹。

楓葉

(一)

滿懷顫抖和驚異的喜悅，
把那朵「遲開的花朵」摘下了；
遠遠的，遠遠的——我看見、我感覺：
那被斜陽映照，暮色蒼然的山巔，
曾經風雨的森林，疲累而戰慄；

一天，狂風又掀動了森林，
你——一片落葉；醮滿了依戀與離情，
輕輕的輕輕的，叩響了我的窗扉，
我深情地將你擁緊；乃是怕你又飄然遠去；
當我也如此寂寞、孤獨、飄零，黯然無告之際。

我爲你輕拂掉滿身的霜露，不安與驚恐，
你蒼白枯黃的臉上，仍有著淡淡的芳芬；
使我回想起你往昔少女般的甜笑和嫵媚，
是你的訊息，把我從酣夢中驚醒，
你呀！是秋天的使者，卻帶來了春的喜訊。

一九六九、十一、廿五臺灣日報副刊。
原題爲：我心寄語。署名：青銅錢。出版時更題「楓葉」。
一九九七年八月廿六日另一首「楓葉」已選「中國詩歌選」

㈡

春天，我用鮮綠的聲音一呼：瞬間凝成風景
大地因我而年輕；花花草草一路拂拂揚揚
不願在熾烈的夏天，一窩蜂湊熱鬧
挑著霜露寒涼，百卉凋零時
乘一縷蕭瑟的風，輕輕地在上林盪起
是楓紅？是彩霞？飄飄隨風漫天飛揚

㈢

我不是想掙脫母親的手去爭自由
也沒有什麼高遠的抱負和夢想
只因性喜彩色，愛穿綠衣紅袍
春來秋去忘情地，跟著東西風徜徉

老實人說我：是一片楓葉
小孩說我：是會飛的蝴蝶
詩人畫家說我：既詩情又畫意
痴戀中的人將我寄往遠方，當作山盟海誓

幾番春風秋雨之後
——小孩變幼童；畫家封筆；詩人詩心老去
——夫妻反目；戀愛中的人分手了
老實人將我掃集成堆——燒成灰燼

附記：一九九九年元月廿日原爲：「月露風雲篇㈡」另有「山中夜雨；傘的怨言；和向日

葵」共五篇，發表乾坤詩刊十期和世界詩葉，同年元月廿九日將「月露風雲篇㈠與㈡合併成九首一次刊登。」今抽出此二首於此合爲三首。

第四輯　歷史的呼喚

牠們，牠們呀
——手上有幾把刀劍　就稱「霸」
——夥從了幾千人馬　就稱「王」
爭啊！鬥啊！搶先一步　曰「祖」
打啊！殺啊！落後一腳　曰「宗」
於是：一片完整的山河四分五裂了
——東一個「皇帝」
——西一個「皇帝」

——歷史的呼喚和覺醒

歸 帆

白浪滔天
這海洋
　沒有海鷗陣陣翱翔
　沒有漁火點點發光
奔騰在浪濤裏的
這艘帆
被洶湧的浪花沖打著
唱出憤怒的歌
　風愈大
　浪越高

憤怒的歌聲更響
洶湧的浪花如白雲
激起了我思鄉之心
我馱著憤怒的帆
翻犂　滔天的浪峰歸去

一九五四年工商日報副刊發表
一九八〇年十二月大海洋重載

後記：

「歸帆」一詩，其實是我第一本「詩集」的書名。

這本「詩集」，雖然已經是四十八年前的事了，但說出來仍可博君一笑的。因爲它有許多特點：

第一，它全部是用手寫仿宋體。

第二，全部祗有二十來首詩；這「歸帆」就是其中一首。

第三，祗此一冊。當時就是「孤本」，送出去以後，連「孤本」的影子也沒有了。

第四，封面是用道林紙（當時是最好的），用鉛筆畫了一個圓圈，用山上採來的黃珠子（山楂子）的漿，除了圓圈，都塗成了黃色，圓圈就成了白色的太陽，還畫了一隻海鷗在太陽邊飛（從一本政工通訊上，照樣畫下來的），並寫上書名：「歸帆」二字。

第五，做什麼？送去參加「南部文康競賽」……它竟然獲得詩歌組頭獎。

第六，不知道是大會弄錯了，獎品是一節黑木頭上站一個金色的運動員，手拿著一個籃球。頒獎時，我在砲校受訓，獎品輾轉從高雄送到駱駝山上，我們「元帥府」，大夥都不明白是什麼獎。

我把獎品帶回台北，交給我朋友朱國霖的孩子當玩具，我阿嫂問我：你不是打籃球，怎麼領個運動獎？好笑吧！

歷史的呼喚和覺醒

——有一條古老的歌；很是動聽
所有的老爺爺，都曾捻著花白的鬍鬚一遍又一遍：
教給他的兒子和孫子唱
所有的老師也曾一遍又一遍：
唱給他們的學生聽：賡續而來的
千千萬萬，萬萬千千的孩子都會唱！
『中華 中華，雄踞東亞
開國五千年，五族共一家』

但是啊！列祖列宗開創的中國呀
那綿長而璀璨的歷史
——支離破碎；各說各話

那遼闊而錦繡的山河
——經常被野心者竊據分割
那珍貴而豐富的寶藏
——睜著眼任人巧取、侵佔和掠奪

哦！中國　中國　中國
您的名字，是如此的鏘鏗、響亮
是如此的具體卻又似抽象
每一個吸吮您甜美乳汁長大的子民
都帶著一付浪漫和幻想
卻未能承襲您泱泱雍容和風華；

牠們，牠們呀
——手上有幾把刀劍　就稱「王」
——夥從了幾千人馬　就稱「霸」
爭啊！鬥啊！搶先一步　曰「祖」
打呀！殺呀！落後一腳　曰「宗」

於是：一片完整的山河四分五裂了
——東一個「皇帝」
——西一個「皇帝」
牠們，牠們呀
說什麼——秦漢
說什麼——魏晉
說什麼——三國
說什麼——七雄，還有
還有五胡、南北朝……以及
隋、唐、宋、元、明、清……

名稱不一而足，你問牠們；
——國家的疆域，起迄何處
誰也不能界分；不敢界分
——個人的功過，得失何在
誰也不敢確定；不能確定

因此啊，誰也不肯承認
——誰是「眞君」；誰是「正主」

可憐啊！那散落在四方的中國子民呀
他們一身繫祖國山河的暮寒，雲烟和風月
滿腔滿懷的依戀與眷顧、孺慕的情懷
——而卻找不到一個「心靈」落實的著點
我們，我們要他們：怎樣產生「共識」
——如何「回歸」
——如何「認同」
——如何「肯定自己」啊！

歷史的傷痕太多，人爲的冤仇如山
每一個人都該靜下心來—看看和想想：
黃河上下，長江左右
天山南北、長城內外；如今還有一個
海峽兩岸……在歷史的長河中

——多少人，委屈地流過淚
——多少人，痛苦地流過血
——多少人，項上的頭顱落了地
——多少的冤曲被塵封，被黃土掩蓋
唉！這一萬五六千多方里的疆土
是用多少人的眼淚、辛酸、苦難
是用多少人的鮮血和生命鎔鑄而成的
這一頁古老的歷史，這一片壯色的山河
實在值得我們珍惜了！

歲月悠悠，如流水不舍晝夜
——夏商周、春秋戰國已成陳蹟
——秦漢魏晉、南朝北朝……
——隋唐五代、宋元明清……
——俱已往矣！
生當今世的中國人，不論你身在何處
身居何職？該是淬礪奮發的時候了

將一切恩怨情仇從心底挖出來拋棄
把遠祖先宗們，走過的「從前」
把祖父們、伯叔們，走過的「從前」
就當作是「夢」吧！夢也該醒了
就當作是「戲」吧！戲也該落幕了
——是炎黃子孫
——是中國人，都該沉下心來
冷靜、誠懇、熱烈地握手
開誠、布公、坦率的交心

把眼光放遠，把心胸放寬
不要去苛責　我們的祖先
更不要怨憤　我們的前輩
最最重要的乃是我們這一代中國人
——心智的靈明和理性情感的覺醒
因爲，無論多少的，屈辱與苦難
終竟已然成了「過去」；成了歷史

——前代的錯誤，乃後代的教訓
——我們痛定思痛，徹底領悟就行

哦，中國　中國　中國
數千年來，最大的敵人
——祇有一個「戰爭和分裂」

哦，中國　中國　中國
而今而後，興隆的寶典
——也祇有一個：「統一與團結」

註記：這首詩寫於一九六五年臺灣省宜蘭中學，曾經一再修改，投到各報社、雜誌，都拒絕刊登。

到一九九六年六月一日，才在世界論壇報發表，從定稿到發表相隔41年。

臺北博物館參觀畫展記

方剛將一輪炎陽　摔於館外
奔赴而來的是　一幅晨曦
正猶豫　還驚疑
眼前　復展現一片暮靄
古樹森森　倦鳥歸林

揮一筆綠　是夢寐皆在的江南
潑一串淡墨　重見睽違的風雪
正遙想　王維那一幅「雪霽」
萬壑深流中　有小舟犂波輕颺
想是　柳子厚「寒江獨釣」歸來

小橋流水 有垂柳迎風綽約
雨過數聲蟬鳴 繚繚枝頭
草原上 有人牧放羊群
七彩長虹似橋 自溪流弓入天庭
引來群童 拍手 驚呼 喊叫

不用虛無 象徵過去
不以渺茫 代表未來
所有的「意象思想理念」皆眞
所有的「形象線條色彩」皆美
所有的「筆觸意境構成」皆善

一九八六年一月三十日育達周刊發表
同年現代青年轉載

六書新意

㈠ ⊙（日）

逃過了后羿的箭矢
這是世界上　碩果僅存的
是它　把黑暗
一再地逐出地球
又一再地將光明召回

說文：日，實也；太易之精；不虧。象形。

㈡ （月）

等閒了
春、夏、秋、冬
懷戀又隔層烏雲

切盼歡樂塞滿西樓
柳梢頭仍蛾眉一彎如鉤

說　文：月，闕也；太陰之精。象形。
甲骨文：月字俱象半月之形取上、下弦月也。不畫滿月形者，恐與日無別也。

㈢ 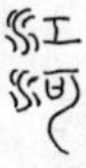（江河）

如果沒有共鼓與貨狄
刳的那隻小木舟
千載悠悠　我仍將是
平靜的流水，流著；
櫓楫兒敲打在我的胸脯上
「工可」一聲　成了江河

註：相傳：共鼓和貨狄二人，刳木爲舟，刻木爲楫。形聲。

㈣ （武）

攜械刼奪者　是罪犯
稱兵作亂者　是賊寇

執干戈保國衛民　乃勇士
惟眞英雄　能識武之本義
止干戈　化爭戰　於無形

附記：武：小篆作　。說文：比合「止」「戈」之誼，以見其爲武勇之意，言能制止干戈爲武也。指事。

㈤ （雷電）

揮閃亮銀鞭而去；你看見
擂隆隆鼓聲以來；你聽到
他們是　孿生的兄弟　牽著
愛哭的小妹　來至在　這
萬丈紅塵
非關風月
乃催萬物化育　以生

說文：雷之爲物，可聞而不可見；電之爲物，可見而不可聞。雷與電常相伴而作，陰陽溥動，雷雨生萬物者也。會意。

(六)泅（好）

是一片樹葉漂過的偶然
發誓不作看水的孩子
用力把水橫過來
我泳游在
天的海上

附記：泅：浮行於水上。泳游也。

一九八〇．十一月廿一日
臺灣師範大學一二〇六室
葡萄園詩刊

生 命

年青人的生命
似明麗迴暢的小徑
如蜿蜒曲折的小河
小徑上樹綠花紅，蜂鳴蝶舞
小河中波光瀲灎，魚躍鳶飛
——向後看：青山綠水，景色綺麗
——向前看：艷陽普照，氣象萬千

年老人的生命
似幽暗清冷的陋巷
如貧瘠偏落的荒村
陋巷裏，街燈熹微，人影寥落

荒村內，殘椽斷瓦，風雨淒迷
——向後看：頓興喟嘆與唏噓
——向前看：一片荒漠與淒涼

一九五八年五月六日於基隆

附記：該詩同年五月七日日記中曾記載，內容稍有更動，謂已加「中年人」，易題爲：生命三重奏，但經七日以後日記，未見錄下更改及增添之「中年人的生命」之原文，故從缺。

披「聖袍」的惡棍

——臺灣某教會內一小撮狂徒

你所從事的工作
原該是令人尊敬的
你所肩負的使命
應該是受人稱揚的
因爲你
替世人傳播福音
爲發揚基督的博愛精神
但不幸你昧於個人
偏頗與幼稚的心態
竟違背上帝的意旨
硬要在

神所愛的世界裏
播下「恨」的種籽

你不傳播福音
卻胡謅什麼「臺灣人權宣言」
你不誠心祈禱
卻夢囈什麼「新而獨立的國家」
你不引導信徒「恭唱聖歌」
卻大喊大叫：「咱要出頭天」（註）
你一再鼓動「全體教會」要有
「信仰的勇氣！積極的行動」
你更童騃矇昧地訛騙
——這些瘋言癲語
乃「先知的呼聲！」
你的勇氣在那裏？
——要斬中國歷史的根苗
——要斷中華民族的血源

你的行動在那裏？
——要死皮賴臉去告洋狀
——要向外國總統「上書」
——乞求「咱要出頭天！」
這就是「新而獨立的國家」？以及
這個「獨立國」的子民的風格嗎

主啊！我要懇求您　假如
你眞能賜給世人以智慧
主啊！請接受我誠懇的祈禱
在你賜給世人喜悅和榮耀之前
請先把智慧賜給這一小撮撒旦吧
讓他們能領會神的旨意
「你們要愛你的國家和同胞」

一九八〇年七月一日發表於中央副刊

註：「出頭天」原爲美國一首民歌（We shall over come我們將征服）

後記：余嘗讀中國歷史，深感國人不能團結、互助、合作、積健爲雄，往往自毀長城，貽世人以羞，不勝悲憤痛苦；尤其恨一些無恥之輩，每藉外人之力危害國家，加害同胞，近如一些假宗教而行不義之徒，高叫臺灣獨立，我更爲深惡痛極。特寫此詩以警！

傳統的突破

最近有人依據現代科家的新知，
推翻了沿用已久的幾句古老成語；
「鳩未佔鵲巢與烏鴉不會反哺」，以及
「羊兒的跪乳」也是爲了自己的方便。
於是，有心人又在竊竊私議了！
果以科學的新知作依據；
這些傳統的中國哲學理論，
均將站不住腳了！

因此，一定有人要問：
人們究竟是相信科學的考證!?
抑或是保持傳統的觀念；

這碼子事看來又有得纏呢!?

其實，重要的倒不是科學與傳統問題
而是，這幾句中國古老的格言
已然成了中國倫理道德行爲之所繫
果被推翻豈止尷尬!?影響可大呢!?

一九七八年秋季寫於板橋市
一九八〇年大海洋詩刊發表

後記：當我寫這首詩時，又有人提出對廿四孝，那些古老的故事，已不合時宜，也不合科學時代的思想與精神，要求廢除，也有人焚膏繼晷，苦心蒐集資料，準備寫一套新的二十四孝；最初，我也深表贊成，但經冷靜思考之後，卻又覺得期期以爲不可；因二十四孝，那些古老的故事，固然與新時代的許多理論與事實，無法配合，但每一個國家與民族，都有他們自己的傳統的迷信與神話，以作爲他們精神生活與思想行爲的支柱，雖明知不合情理，仍遵信如故，奉行如故；基於此，所以二十四孝那些古老的故事，我認爲也不必去修改去另編了，因爲，我們急須要做的事情，實在太多了，何必把太多的精力與智慧血汗，花在這些古老的老故事上面呢？甚至，還得考慮新編寫出來的「孝」的故事，能不能爲國人所接受呢？何況廿四孝的這些「落伍」的故事，已然成爲中國文化的一部份？假如新的出來了，老的又還繼續存在，造成一個你遵你的新孝，我奉我的老孝，這場面倒是更尷尬的得很呢？

釣魚台

——中國海中的明珠

一向慣於使用——：
　　　　親善
　　　　　感恩
　　　　　　致敬的
更善於使用：詐偽和撒謊
一九三七年七月七日發生的醜事
世人　還記憶猶新
一九七九年五月廿三日
「醜陋的日本人」
又呆坐在直昇機上　盤旋

盤旋在我們的
釣魚台列島的藍色天宇

「森山欽司；運輸大臣」!?
那算是一個什麼樣的官兒!?
以中國的面積、人口、典章制度來比
抵不上咱們一個小小的鄉鎭級辦事員
緣何不爬上天秤 稱稱
你？並加上全三島的土地
究竟有多少公克
釣魚台雖小，在中國算不了什麼
但畢竟它是中國海中的珍珠
跟中國任何一分一寸的土地
都是一樣不可分割
當年在宛平縣掀起戰火的藉口
已爲你們的歷史、道德行爲蒙羞

而今又偷偷地派幾名泥水工人
在釣魚台塗了個什麼「坪坪」
不是企圖公然侵佔、掠奪!?
又能如何自圓其說呢!?
前車既覆，殷鑑猶在
蘆溝橋的烽烟即使你未曾看見
宛平縣的隆隆砲聲你未曾聽到
但米蘇里艦上的難堪場面
南京城裏太和臣民屈膝呈劍
涕淚交流哀哀上告的鏡頭……

一個有丁丁兒民族自尊的人
理應時刻約束加意警惕
簽降書上的新墨未乾
居然侵土掠地的野心又萌了
快把那塊塗在釣魚台上的水泥刷掉

以懺悔之心向中國道歉吧！
說眞格的讓任何辛勞疲累的人憩息腳
中國人倒不會吝嗇這份憐憫與同情
要說釣魚台是你們的就有悖情理了
——強橫霸道的時代終究已然過去

四十多年前由於你們欠缺道德、理性
中國人吃盡了苦頭
日本人也領受了慘痛的教訓
八十年代的文明人 還玩那
公然掠奪、侵佔的把戲
不僅落伍更是丟人

一九七九年五月廿四日晚
發表於葡萄園詩刊并已選入大陸一詩選集

後記：此詩成於一九七九年五月二十四日晚，寫發新聞稿後，有感而作。消息指出：日本運輸大臣森山欽司已於五月二十二日乘直升機，「巡視」釣魚台列島。并揚言釣魚台列島是他們的！

按：釣魚台列島是中國的，屬臺灣省宜蘭縣頭城鎮。列島包括釣魚台本島、北小島、南小島、沖北岩、沖南岩，以及黃尾嶼和赤尾嶼爲一豐富漁場。

我們因有三輪車爲榮

五千年漫長的時間中
多少事　在演變
多少事　在推移
正如那輛三輪車
居然成爲美國佬譏諷的材料

引伸爲「落後」何其愚昧無知
因三輪車之前還有一輪車呢
更重要我們手推一輪車儎運時
卻有人連褲子也不會縫製
更有些民族連影子還未出現啦
我們不會因有三輪車而自卑
而且引以自豪，爲榮、爲傲

汽車、火車、飛機……，固稱時髦
而它們乃從遼遠追趕而來的
今天的路正是單輪車、兩輪車都走過的
我們強大；從不曾以大國的意識去騙人
更不在古代的檔案中，找陳舊的故事訛人
因此，不用憤怒　更無所爲侮辱
——夏蟲不可以與之：「語冰」
（五千年與二百年之比）
這種人不知道的事情太多了

一九八〇年五月十九日寫於臺灣省
一九八〇年六月六日中央副刊發表

後記：一、因美國佛羅里達州「塔拉哈西民主黨人報」，在該報頭版，以老舊不實的新聞照片，標示「三輪車夫，在臺北市中心打盹」爲題，諷刺中國落後貧窮。有感於西方帝國主義，近兩三百年來無時無刻，不在設法打壓中國，譏諷中國、欺侮中國，特寫此詩，反諷美國人的狂妄無知。

二、一九八〇年七月十四日，行政院新聞局宋局長楚瑜，深感該詩對國人的尊嚴，有鼓勵、提升效用，特以69瑜內三字○九○五九號函謂：「六月六日、七月一日中央日報，刊載的拔「聖袍的惡棍」；「我們因有三輪車爲榮」兩篇大作拜讀後，那不僅是您個人內心的感受，同時也是全體國民的心聲……在每一個人的心目中，都具有深遠的紀念價值。新聞局長宋楚瑜七月十四日。

午夜零時

——「中美協防條約」終止有感

「咚——咚——噹！」
沉雄而曠遠的更漏
從遙遠歷史的履帶上傳來
演變而成爲　懸掛在
有巢氏高聳寬厚的宮壁上
鋼鐵的「滴答！滴答！」

中華民族的兒女
在滴答中流汗帶血地躍步
躍跨了無數災難！
躍跨了無數戰爭！

躍跨了帝國主義者的宰割、迫害
以及太多不平等條約的束縛

昨日「午夜零時」
我們更堅定地跨越了
「一九七九、一二、三一」
中華歷史上最後一道黑線

「滴答」是不變的定律
黑暗不去，光明不來
舊的不加「終止」
新的焉能開始和建立

讓我們深深的吁一口氣
用穩健的腳步跨出去
跨上祖宗歷史的履帶
我們需要的　是

「自立！自強！自由和自主！」
把眼淚揮掉，把血擦乾
把抑鬱從心底豁出去
禁錮的鋼纜斬斷了
就該讓生命的怒潮
汹湧！奔騰！澎湃開來
那貧血的安全，久已厭惡
更睥睨別人的照顧
放縱與豪邁，冒險與創造
乃是我中華民族的特性！

一九八〇年元旦寫於蓮花廳
葡萄園詩刊第六十九期發表

鏡　子

我本來祇是一塊普普通通的玻璃，
敷上一層水銀人就說：我是鏡子。

年輕人——把我放在懷裏，
一有空閒總不忘對我一再端詳；
——攏攏頭髮，輕撲面頰；
然後雙肩一聳，報我以微笑。

中年人——把我擺在桌上，
每天早起必然和我仔細打量；
——皮膚白黑？鬍鬚長短？
有時雀躍心喜！有時黯然神傷。

老年人——把我高掛在牆壁上，
每天無數次打我面前經過；
祇敢窺視，而不敢抬頭仰望；
——怕見滿臉枯皺、青絲灰白。
哦哦！若有人要把我扔在地上，
那一定：情緒惡劣心也碎了！

一九七八年載青年世紀月刊

報載：蔣介石自從大陸撤守臺灣，眼見反攻無望，人又日益老去，不准侍從人員在他起居室懸掛鏡子；偶而攬鏡自照，見一臉憔悴，就把鏡子打碎……補記。

大風詩鈔四首

隱忍

我有無限的抑鬱，
我有無盡的眼淚；
　我的抑鬱——從不向人說訴，
　我流淚了——也不哭出聲來。

睥睨

斬斷那禁錮命運的鋼纜，揚帆遠去吧！
讓生命的怒潮，洶湧！奔騰！澎湃！
我厭惡貧血的安全；更睥睨別人的照顧；
放縱與豪邁，冒險和創造，是我的理想。

生命

當擎天的火炬被點燃的時候；

當炎烈的太陽升起來的時候；
當小花小草，被壓制而仍堅強地生長的時候……
我喲！怎能任自己的生命！消沉、衰敗、倒下。

征途

打開那生命的窄門吧！踏上征途
十月，遼濶的原野曾遭過暴風雨的襲擊
春天來時樹木花草仍戴著艷麗的皇冠
只要地球不死，人類的眼前仍是一片錦繡

一九五六年寫於官校東教場三〇一教室
一九六四年重修發表於宜蘭青年、小説創作月刊
一九八〇年大海洋詩刊重載

我永遠是個天涯尋夢的人

童年
爲了羨慕大男生和女生唱山歌
曾一再請大姐姐趕緊爲我拉拔長大

少年
爲了欽慕官兵們扛長槍抬大砲
曾不止一次將歲月的齒弧加速
心底對這七彩繽紛的世界
壓抑不住那份歡樂　那份激情
雖身如小芥　氣呑山河

青年

滿身披著星斗　一肩扛著月亮
從挹江門溜進了六朝金粉的都城

從此
豁出了浪跡天涯的腳步
大江左右　天山南北
五嶽山河　雄關要塞

多少個春夏　細嗅綠麥稻香
多少個秋冬　靜觀楓紅梅艷
恒是以流浪　流浪
忘了自己的遲暮

春夏　它爲澄澈的綠水
鑲嵌成錦鱗片片　波光瀲灩
秋冬　更爲青翠的山巔
粧點它靈秀而敷上白雪

……由是　我也發現了
頭頂上綠色的草原
有幾莖銀絲在迎風飄盪

初爲之驚懼　既而欣喜
銀絲恒是天使的禮帶
它象徵生命成長與豐盈
它代表靈智毅力的成熟

我爲之歌唱
我爲之歡欣
我更爲之舞踊
祇爲那經歷過的令人迷醉的七彩際遇
祇爲那未來的令人艷羨的繽紛人生
莫笑我癡呆、癲狂
我永遠是一個尋夢的少年人

一九七九年三月十九日葡萄園詩刊六十七期發表

一九五八年元旦隨筆

昨夜有著連續劈劈啪啪的爆竹聲
預感今天應該是最熱鬧的日子
偌大一座城卻只有三個人
見面相互點頭 但疑睇不語
（各懷鬼胎）
您在尋找什麼？——希望獲得名譽
您在尋找什麼——希望獲得利祿
您在尋找什麼？——希望獲得權柄

哦！您呢？
——我在走向未知之境
那裏有我的信仰
崇高的眞理和不朽的愛情

一九五八年一月一日臺灣省基隆港
一九五八年一月十日人間世副刊刊載

三種人

在這個紛擾的世界，
同時生存著三種人
他們生活習慣殊異，
他們宗教信仰有別；
一張大嘴卻喊同樣的口號：
「追求和平、避免戰爭」！

一種人——：
一手執著鋒利的鋼刀
一手提著血淋的人頭
兩眼凶光炎炎
一下東方

　　一下西方

另一種人

肩挑大米和饅頭

挺直的腰裏暗掛快鎗

滿口舌粲蓮花

　　一邊仁愛

　一邊憎恨

第三種人

給他饅頭　呑在饑餓的肚裏

給他快鎗　學樣掛在屁股上

　　要他喊「和平」也行

　要他喊「戰爭」也可

寫於一九五八年三月十日基隆安瀾橋旁

民眾、聯合報刊載

阿土伯燒香記

題記：少時，在南京讀書，常經中華門外，一座財神廟前：該廟有一楹聯曰：
『頗有幾文錢，你也求他也求；給誰是好？不作半點事，朝也拜暮也拜；教
我爲難』。

月亮，眞的會從西邊出來嗎
阿土伯從來不進寺廟拜拜的——
這次爲了小孫女兒的「頭路」，
被人慫恿去城隍廟燒香了！
天地間的事恒有如此巧合；
阿土伯碰到的這位城隍爺，
竟然保持了一份清廉與傲氣，
不收禮　且又應允了阿土伯的要求；
但城隍廟內的衆妖魔，嘀咕起來了：

——這個說：「沒有飲到酒！」
——那個說：「沒有嚐到肉！」
——還有的說：「沒有分到錢！」
最初，城隍爺尚保持緘默；
但壓力越來越大，原想堅持的：
「公平、嚴明、尊榮、正直」；動搖了！
毅然硬下心腸收回那小孩的符令。
阿土伯後悔了　後悔
沒有照別人說的話去做；
「見個菩薩插根香！」
其結果可能就不同了！他想。
阿土伯也明白了　明白
貪食人間煙火的妖魔　固然
心狠手辣，無惡不作；
拒食人間煙火的神　恒是
膽小誤事，無所作爲。
因此　兩者——：

均將在陰曹的符籙中，
造成無法撫慰和彌補的：
——冤屈與隱泣！

一九七九年四月二十日脫稿於一個風雨之夜
載葡萄園詩刊

轟炸南斯拉夫是懦弱的行爲！

南國這麼一個小國　能犯下什麼滔天大罪
值得北約十六國　聯合起來對它狂轟爛炸？
看看美國全國上下　以英雄凱歸的方式
歡迎那三個從飛機上摔下來，被南國俘虜的甭種
難道：您還不能體悟、反思，他們慣用的爛口號
——自由、民主、平等、人權和尊重有多少眞實

南國被攻擊後　成千上萬的難民流離失所……
——難民車隊旅運客車醫院；中國大使館都炸了
由美國爲首的北約，還在說要繼續加強轟炸呢
——爲什麼不想想：三個美國甭種在南國被俘虜
還能毫髮無傷、衣冠整齊的，被送回到美國

——這樣的做法　難道還不能令美國人啞然失笑
中國的使館被三至五枚飛彈擊中，造成嚴重死傷
美國還強詞奪理說：情報錯誤；用錯了地圖
唉！難道美國的字典中，眞的沒有羞恥的詞
還是這民族的人，都習慣於說謊、訛詐、欺騙
奉勸美國人醒醒吧！中國曾強大過；科學昌明過
但中國從不以強國的意識去騙人、去欺人
更不曾以科學尖端的強勢去訛人、去詐人
因此，你不必設辭辯護，找理由逃避責任
中國有句古話：「夏蟲不可以與之語冰」
——（五千年的歷史文化與二百年之比）
唉！您美國人，不知道的事情太多了！

一九九九年五月十三日寫臺北蓮花廳
一九九九年五月廿三日世界詩頁
四川重慶國際漢語詩壇曾爲文介紹

端節弔屈原

因您在青史上留下的那縷幽憤
插艾葉菖蒲的日子是悲鬱的
二千多年前您疾恨懷王
讒諂蔽明邪曲賢良不容方正
憂愁悲憤一怒而寫下了離騷

您正道直行竭盡忠藎竟招放逐
於是放浪形骸披髮行吟楚澤之濱
您讚美帝嚳
稱頌齊桓
敘述湯武
雖然譏諷世事

仍一心繫國冀王感悟
處塵垢之中
如蟬蛻殼於汙泥而不染

您說世混濁我獨清
衆人醉我獨醒
那是出於悲憤嫉俗之語
而不聽漁父
隨其流揚其波
餔其糟啜其醨
寧赴常流永葬身於江底
您這一死
爲千古志士鎔鑄了典型

子蘭進讒的聲音
靳尚構諂的嘴臉
因懷王的客死秦國

被天下人譏笑
工詭辯美而善舞的鄭袖
綽約媚態安在
您不朽的離騷
天問
招魂
哀郢
大史公讀後
也悲傷難抑淚湧如泉

百餘年後
漢朝的賈生路過湘水
有感於蕭條異代
抑或有感而發
曾爲文投諸汨羅江中
您沒有迴應
您已化作鵬鳥飛昇

永駐於人們心裡　聽
三江的龍船又在擊鼓
吶喊！競渡

寫於辛酉年詩人節國魂月刊約稿
一九八一年六月號四二七期國魂刊佈
一九九四年六月十五日青年月刊重載

「秋聲」心聲

孫家駿

認識志堅三年，初時不過僅認識了他對詩的熱衷，對詩的執著，而眞正接觸到他豐蘊的內涵，則是讀完了他這本結集——「秋聲賦」以後。

這本結集，根據詩人自己的記錄，最早的詩篇自民國四十三年，最晚的則收入了去年十一月份的作品。換句話說，詩人以二十六年的心血結晶，整理出的第一個集子，其創作之嚴，選錄之精，就無須我再贅言了。雖說如此，但細究其吟詠的領域，卻是由大陸的故鄉而寶島；其生活的體驗，則又由學生、軍人而老師。一腔辛酸，半生行腳，讀其詠故國，有掩抑不住的鄉愁；聽其詠寶島，則又興寧靜安和的田園之思；置身軍旅，我見其激越奮發；從事教育，則他又洋溢著如耘如牧的愛心。所以我說這本結集，不僅是作者自身不屈的形象的素描，也是你走過，我走過，大家所共歷的這個時代的縮影。

請聽詩人的歌聲——

「歷經腳踏、火燒、鐵鏟……幾曾抱怨／祇憑春風一呼，又以瀟灑、飄逸之姿／綠滿江南／綠滿江北。」——「小草」。不屈者無視於苦難，不屈者承擔苦難，我們的詩人不僅此也，不屈的詩人甚至對苦難的生命也充滿了衷心的感謝。你看他在「種子」一詩裏說：「在北風呼號下，泥土是冰河而殭硬的／你將我埋下；埋下我就是埋下人類生存的希望／你深信我不屈的生命，會在隆隆的春雷中發芽、開花／因此，我有無限的感謝，感謝先人的遺愛，今人的努力。」這不就是作者的自畫像嗎！做爲一位不屈者，雖然有其鋼鐵般的意志，但畢竟也是血肉之軀，血肉之軀就必然有愛有憎，有嚮往寄寓之情，也有閒適忘我之境，且看詩人藉「紅豆」來表達他堅貞的愛：「多少個黃昏，帶著花香過去了／多少個早晨，迎著太陽起來／守候，守候在紅豆樹下／它終於褪盡嫩綠，紅了／一顆顆紅艷欲滴，像血／一顆顆光華橢圓，像心／而血在心裏運行的／愛與力便在心裏誕生。」至於他表達他心中所憎惡的詩篇，多收入在其花鳥蟲魚一輯裏，如「牽牛花」：「……祇要有夤緣攀附的機遇，就扶搖不已／擎綠旗前導，接二連三的喇叭；一付王者威儀／居大樹頂端，佔盡陽光雨露還向低處的同類訕笑！」這意象多鮮活。又如「蝸牛的話」及「螃蟹與烏龜」裏說：「祇因爲我們偷食了些許野草和綠葉／人們就說：『我是一條害蟲！』／其實比起那些偷天換日，監守自盜者／我們走過的路倒是清白多了！」「明明是人們自己畏首畏尾，霸道橫行／卻硬要借我們的形態與意象來咒罵別人！」借物諷人，其對醜惡者固出之於冷言冷語的譏誚，但譏誚的背後，又何嘗不是對無辜的弱者賦與衷心的熱愛、同情和憐憫呢。在跟詩人交往的這段日子裏，他曾不止一次的向我表示：「眞羨慕你住在山明水秀的大溪鎮，如果能有兩間茅屋容身，豆棚瓜架，我也寧肯在山野終老。」詩是心之聲，所以他嚮往田園、寄情山水的詩篇，在這個集子裏隨處都可看到。如「農家」：「農舍掩映在濃綠的竹林裏／而竹林爲矮籬手牽手的圍繞……老翁拄杖敲響了隔鄰門裏的閑暇／笑擁而入，煮茗下棋，飲酒還歌。」再如「高山之旅」：「叢叢簇簇若舞若醉的綠蔭／是深山沉霧中的浮雲／層層疊疊如棉如絮的浮雲／是天河翻動著的銀波／山循著路，迴環；曲而有容／路隨著山，旋轉；如往而復／景物在曲折迴旋中，一再幻化／我是這巨大走馬燈中的一影。」一個人在年輕時縱然雄姿英發，風雲叱咤，但到了歲月不饒人的中年以後，總難免會有動極思靜的傾向。可是我們別忘了詩人是在多年流離、半生憂患之後，而唱出了以上的詩句，我們能把它僅僅作爲寬袍大袖、笑傲人間的田園山水詩看待嗎？遙望故園，雲山隔阻；環顧世局，國步維艱，這些看似閑情逸致的背後，又含蘊著多麼複雜的情緒呢？詩人的「午夜零時」以及「贛江千里」，應該是最好的註腳。

總括「秋聲賦」這本詩集，雖因取材不同而分輯爲五個單元，但其無論諷喻，無論抒情，無論感時，或爲四行小唱，或爲千言朗誦，無不以愛貫之。而其最大的特色，也是我最擊節欣賞的，是詩人頭頂的是中國傳統的陽光；腳踏的是中國古典的土地，是以其詩作現代而不西化；創新而不晦澀。對於有心讀詩而無意猜謎的同好們，想必會有會心之感吧！

中華民國七十年四月五日夜于退居

評秋聲賦

湯　平

原以爲賀志堅先生，祇是長於小品和散文，及至去年在一個文藝集會上，承朋友送我一本，他新近出版的新詩選集——秋聲賦，才知道他的詩，實在更別具妙趣。

這些年來，我在大學教散文也教新詩，因此，讀過的新詩也很多，但總覺得不是這兒多了一些，就是那兒少了一樣，等我看到賀君的「秋聲賦」後，心中直覺得，有一種舒坦、落實的感受。

賀志堅先生的詩，其優點是：①構思優美靈巧，②意象鮮明活潑，③造景生動感人。例如農家樂：「南風將一首清涼的歌掛在竹梢，年青的籬笆手牽手繞著農舍，寧靜與怡然，來自小溪和炊煙串串／牽瓜藤綠葉作長廊，／吊胡蘆繁花，不爲風雅，更非飾觀／遮陽光，避塵埃／引來蜂飛　蝶舞　蟬鳴／

門口有黃狗安祥慵睡　雞鴨奔逐／耕耘機嗟嗟　凝聚稻穗成熟的歡樂／孩子們會集在屋前野地　跳著唱著／將樹葉投入溪流　載滿船風景入城市／老翁拄杖　敲響了隔鄰門裏的悠閒／笑擁而入　煮茗　下棋　飲酒還歌／」

我之所以將全詩錄下，因爲這首詩，的確是合乎美的原理而寫成的；如果將之删減割裂，勢必破壞全詩的形態與意象的明朗和內蘊。這首詩另一個好處，就是構思的細密和諧，全詩唸下來，更能發現它意境的高妙和美感。

且看詩中那份純美而寧靜的境界，由一句「寧靜與怡然，來自小溪和炊煙串串……」眞的，要說它有多美、多寧靜，就有那樣美、那樣寧靜一樣。又如：

孩子們會集在屋前野地，跳著唱著

將樹葉投入溪流，載滿船風景入城市

讀了之後，就彷彿眞的看見：大江之中花團錦簇的船兒，顚巍巍的乘風破浪，向前飛渡一樣，這種純美的感受，不是刻意用字句的雕琢能隨便得來的，乃是美學上的因素，自然天成的流露；因此賀君對文字技巧的運用，可說至爲圓熟靈巧。

其次，賀君的詩風，據一位從事民歌寫作的朋友說，也很合乎音樂的原理，詩中的語言、節奏感非常敏銳，配合了適當的聲韻，因此婉約激越、兼而有之，而這些聲韻與節奏的配合，對於思想、情感、觀念的表達，常有意想不到的效果。例如：「宜蘭・大溪灣」

「山　以稜形拱列　如梳／海浪　從遼遠奔赴而來／車轔轔　襯以雁飛蛇行的美姿／山麓、海浪　沙灘／粲然而成彎彎新月／」這首詩共四段，我抄下第一段，以說明賀君遣詞派句的從不過分苛求的一般，坦白的說，他對一個形象或意象的構成和塑造，從他的詩意中看出，幾乎是想到就落筆的一樣，所以才能如此灑脫自然，不著斧痕；但另一面，他爲了詩句的音樂性、或者說聲韻的配合，卻是在細心推敲之後，而愼重決定的，我們且看他在這小段中，第一句用一個字「山」，依次爲兩個字「海浪」，三個字「車轔轔」，頗有層次；跟著就以「山麓、海浪、沙灘」來疊結，益富鏗鏘之聲，並拱托出：抽象的也是有形而具體的，那「彎彎新月」。這諸多「彎」或「弧」的形象，實在安排列組合得不錯，不是平時觀察仔細，聯想豐富的人，很難做到。而且用極普通的事物，構造出極美的意境，令人激賞。

賀君用普通的字句，構成美的畫面，在「秋聲賦」那首招牌（書名）詩中，更見突出；他描寫江邊的蘆葦：「擎舉起那管白絨絨的狼毫　如椽／飄飄隨風爲天下墨客招領詩魂／」用字平常，但氣勢雄壯，尤其他避開了一班人慣用的「隨風飄飄」，而改爲：「飄飄隨風」，誠有生龍活虎之妙，眞乃神采之筆，就這樣顚倒一下，殭硬的蘆葦，在我們眼裏就有，隨風招飄、羽翎輕颺的感覺。

其在「江南春」一詩中，賀君又用斷句、空字、停頓的方法，來增強語氣，效果也很好：「小陽春以纖細的手　爲百卉蛻下襁褓／春江的魚兒　虹飛　如新月浮沉綠波／是誰　將瑰麗的文章　揮寫在粼粼水面／鵝鴨不識之無　卻領首船步呱呱吟哦／絲絲細雨過後　小螞蟻從菌子傘下出來／折一截柳枝爲槳　花瓣兒當作畫舫輕搖／」

這本詩集，共收了詩作一〇八首，計分爲五輯，上引諸詩，均列第一輯「春郊」之中。第二輯爲「花鳥」計三十一首，是這本詩最引人注意的部份、寓意、幽默、諷刺，是其特色，其他就不在這裏介紹了。總之，這是一本好書，値得一讀。

讀賀著「相思林」、「秋聲賦」憶往

龐景隆

民國四十年前後的幾年中，我與賀君志堅是金門海風部隊的戰友。那時海風部隊的軍報社，出刊一份油印的復興報。他每天都要爲這份報紙跑新聞、寫評論，收錄電訊，報導軍中生活。由於交通不便，跑新聞名副其實；並要打綁腿，帶鋼盔，甚至要揹卡賓槍，跑向海濱碉堡，去作採訪工作。

特別是在以前的幾年，駐在金門，常至冬天看不到臺灣報紙，部隊裏收音機又少，更缺電源，常與外界新聞絕了緣。所以我在復興報發刊詞上曾說：「在目前，金門官兵缺少精神食糧，其情況較之蔬菜副食，尤爲嚴重。」語雖粗俗，確屬實情。

幸賴軍報社幾位戰友的辛勤培植，使得復興報能以按期出刊，分發到基層單位的官兵手中；雖未能盡解飢渴，亦可以略濟燃眉，裨益於民心士氣匪淺。

志堅當時並常爲「正氣中華」、「工商日報」撰稿。他雖只是一位二十剛過的青年記者，然而文思敏捷，筆鋒犀利，爲文如行雲流水，意到筆隨；故在文藝寫作上，早就奠定了堅實根基。

有一件事，至今猶深切在我的記憶裏。四十一年春天，志堅突然身爲重病所困擾，在憔急的心情下，他寫了一信給胡司令官，報告自己的病情。事頗幸運，隔未幾天，就接獲胡伯公以鋼筆親書的兩頁回信，不但慰勉有加，並囑咐他到防衛部總務組去。他遵囑前往，又見到司令手示，而領到（銀元四八〇元）相當於數年的薪餉的醫藥費。這固然是由於司令官的愛護部屬，但亦可以想見志堅的文筆感人之深，而使長官於覽信之餘，才興起了愛惜青年才俊的情懷。

此後，部隊分散，我與志堅人各一方，雖難聚首，仍可常在各報副刊上，見到他的作品，藉以獲知他的蹤影。原來他已由隨軍記者、編輯，軍聞社記者，歷任中華、中央、自立晚報記者，又擔任中學老師了。在此期間，卻也有著一段插曲。

民國六十七年暑假，我的長子元勳，在臺大林教授的領導下，前往臺大溪頭林區，作松鼠的防治實驗研究。元勛乘便，函邀我與乃母前往溪頭遊覽，並有次女隨行。八月五日，我們從臺北經由高速公路到達溪頭。不意當時的溪頭，人潮洶湧，車水馬龍，以至不能找到旅館房間。幸承林教授的關照，將其寢室讓給內子母女，另和我與幾位研究生睡統舖，這才解決了住宿問題。

回程後，我原擬撰寫一篇溪頭之旅的遊記；但在著筆前，偶在中央副刊上，看到了一篇「溪頭之旅」的文章；細讀一過，深覺其文筆細膩，記載翔實，乃至一切感受，幾如我所親歷。而旅遊時日，則爲八月四日至六日，亦係由臺北經高速公路前往。兩相對照以後，始料作者與我，曾在溪頭，共度時光。因對此文，留下了深刻印象，但卻忽略了作者的署名。

六十八年十一月，我與志堅在段府晤面，承也贈送所著「相思林」散文集一冊，捧讀之下，赫然發現到那篇「，溪頭之旅」，才知是志堅的大作。所憾者，是當時溪頭的遊客太多，住處分散；否則，我與志堅必能邂逅相遇，不至於失之交臂了。

志堅的詩文小說，刊布已多，散文「相思林」、新詩「秋聲賦」中的作品，皆已見之於各報副刊；其主要評論，亦已分由政大、師大、中央圖書館、編號存檔。他的詩、清新暢達，像「思我故鄉」等篇，讀起來琅琅上口，鏗鏘有聲；「贛江千里」更像長江、黃河一樣的奔騰澎湃，具有一瀉千里、不可遏止的氣勢。他的散文。正如他自己所說：「每一篇都是在純抒情、純寫景的動機下著筆。當我們讀過他的散文：「春」、「秋雨」、「雨後春醒」，「風雨瑞芳」、「北宜路上的秋色」，「燕子、你又來了」的各篇作品，深覺其中無不帶有詩情畫意，而表現出高度的藝術特質。

作者出生於江西的一個純樸淳厚的田園小鎮，而臺灣更是山明水秀、風光媚人的地方，因而培育成愛好自然與田園景色的性格；他的作品，大都是鄉村美景的歌唱，透出了濃厚的田園氣息。如「秋聲賦」裏的「農家樂」、「江南春」、以及「春郊」都是。

吾人皆知：王維是唐代的田園詩人，「詩中有畫、畫中有詩」是其特色。王維「渭川田家」的五言詩云：「斜陽照墟落，窮巷牛羊歸，野老念牧童，停杖候荊扉。雉雊麥苗秀，蠶眠桑葉稀。田夫荷鋤至，相見語依依。即此羡閒逸，悵然吟式微。」極富田家晚景，眞如一幅農村圖畫。我們再看賀志堅的「農家樂」：

南風將一首清涼的歌掛在竹梢；
年青的籬笆手牽手繞著農舍，
寧靜與怡然，來自小溪和炊煙串串。
牽瓜藤綠葉作長廊，
吊葫蘆繁花、不爲風雅，更非飾觀；
遮陽光、避塵埃、引來蜂飛、蝶舞、蟬鳴。

門口有黃狗安祥慵睡、雞鴨奔逐，
耕耘機噠噠，凝聚稻穗成熟的歡樂。
孩子們會集在屋前野地、跳著唱著，
將樹葉投入溪流、載滿船風景入城市。
老翁拄杖敲響了隔鄰門裏的悠閒，
笑擁而入，煮茗、下棋、飲酒還歌。

限於篇幅，我們不能盡將兩詩所描述的內容、事物和技巧，一一作一對比；也不擬以「農家樂」與「渭川田家」等視齊觀。但我們盛稱王維的「渭川田家」宛如一幅圖畫，更以王維爲曠代的田園詩人；而不覺得賀志堅的「農家樂」，其中所表現的詩情畫意，也一樣的偪眞、親切，而可喜嗎？

又如王維「積雨輞川莊作」云：「積雨空林煙火遲，蒸黎炊黍餉東菑。漠漠水田飛白鷺，陰陰夏木囀黃鸝。山中習靜觀朝槿，松下清齋折露葵。野老與人爭席罷，海鷗何事更相疑？」也同樣的寫出了田園樂境，與世無爭的胸襟。這在「秋聲賦」裏的「江南春」、「春郊」、「秋聲賦」、「莊稼之歌」等詩篇裏，也不難尋出同樣的意境與景觀。

賀君志堅，方在盛年，學識見聞日增，生活經驗益富，才含錦繡，豪氣凌雲，播聲文場，馳譽詞壇，其成就尤不可限量。惟查其爲文，往往採用西元紀年；其作品存目年表，則唯西元是用，雖或由於習慣或偏好，但依拙見，總不爲然。故我在民國六十一年五月，曾撰「我們都要使用中華民國年號」一文，登刊政治評論。二十八卷五期；又在六十五年九月，撰成「以孔子降生爲紀元論」一文，刊於「再生雜誌」臺字第六卷。希望我國歷史學家從事研究，以孔子降生爲我國建元之始，用以接替我國過去以帝紀元，及以西元爲紀年方法；至民國以後，則參照日本曆法制度，以孔子與民國紀年並行，而以民國紀年爲主，以使我國歷史紀年，成一完整系統。未知賀君志堅，以爲然否？但此溢出題外的意見，實與志堅的詩文本身無關。書此爲止，不復贅言了。

國家圖書館出版品預行編目資料

白雪陽春新詩集 / 賀志堅著. -- 初版. -- 臺北市: 文史哲, 民91
面 : 公分 - (文學叢刊 ; 143)
ISBN 957-549-460-1 (平裝)

851.486 91014171

文學叢刊 ⑭④

白雪陽春新詩集

著 者：賀 志 堅
出版者：文 史 哲 出 版 社
登記證字號：行政院新聞局版臺業字五三三七號
發行人：彭 正 雄
發行所：文 史 哲 出 版 社
印刷者：文 史 哲 出 版 社
臺北市羅斯福路一段七十二巷四號
郵政劃撥帳號：一六一八〇一七五
電話 886-2-23511028・傳真 886-2-23965656
實價新臺幣四二〇元
中華民國九十一(2002)年八月初版

ISBN 957-549-460-1